İleri · *Arzt und Patient im Konflikt*

Dr. iur. Atılay İleri

Arzt und Patient im Konflikt

Die Patienten werden mündig

Fachverlag AG Zürich 1983 ed.extra

© Copyright by Fachverlag AG Zürich, 1983
Gesamtherstellung: Bruno Kessler, Maur
Umschlagfoto: Daniel Kessler, Maur
Alle Rechte vorbehalten, insbesondere das Recht
der Vervielfältigung in irgendeiner Form
(Fotokopie, Mikrofilm oder ein anderes Verfahren)
und der Übersetzung.

ISBN 3-85671-042-6

Fachverlag AG, ed. extra, CH-8055 Zürich

*Dieses Buch ist allen Ärzten gewidmet,
die ihre Patienten als mündige Menschen ernst nehmen*

Zu diesem Buch

Das Arzt-Patienten-Verhältnis macht zur Zeit einen eindrücklichen Wandlungsprozess durch. Das Vertrauen des Patienten in seinen Arzt und der Respekt des Arztes vor seinem Patienten sind brüchig geworden. An die Stelle von diesem Vertrauen und diesem Respekt sind Skepsis und Anonymität getreten. Diese Entwicklung haben sich die Ärzte durch fortschreitende Technisierung und starke Kommerzialisierung ihres Berufes zu einem guten Teil selber zuzuschreiben. Die Patienten sind verunsichert, die Ärzte überfordert. Das führt zu Fehlverhalten und Konflikten.

Mit solchen – realen – Konfliktsituationen befasst sich dieses Buch. Sie sind zum Teil der Sammlung der Zürcher Patientenstelle und zum Teil veröffentlichten Gerichtsentscheiden entnommen. Dass einige unter ihnen weiter zurückliegen, tut ihrer Aktualität keinen Abbruch, denn die darin entwickelten Grundsätze haben auch heute wegweisende Gültigkeit. Der Rückgriff auf relativ alte Gerichtsurteile hat seine Ursache in zwei sehr plausiblen Gründen. Zum einen ist die Rechtsprechung ihrem Wesen nach konservativ, d. h. ein vom Bundesgericht entwickelter Grundsatz wird mit Rücksicht auf die Rechtssicherheit selten durch einen neuen umgestossen. Zum andern wagen es sehr wenige Patienten, gegen die Spitäler bzw. ihre Ärzte zu prozessieren, wobei auch die Frage des finanziellen Prozessrisikos eine erhebliche Rolle spielt.

Die Gerichte erhalten daher selten Gelegenheit, sich mit den rechtlichen Aspekten des Arzt-Patient-Verhältnisses auseinanderzusetzen. Solange es aber kein neues Urteil gibt, orientiert sich der Praktiker gerne nach vorhandenen Urteilen, auch wenn sie Jahre zurückliegen. Die in Gerichtsentscheiden und Gutachten vorkommenden medizinischen Fachausdrücke sind am Schluss des Buches erklärt.

Das Buch bezieht Stellung für den Patienten, bezweckt aber keineswegs, die Ärzteschaft undifferenziert zu kritisieren. Es verfolgt drei Ziele: Erstens möchte es die Ärzte wachrütteln, dass sie selbst über ihr Verhältnis zu ihren Patienten und über ihr Berufsselbstverständnis nachdenken. Zweitens möchte es den Patienten zu einer kritisch-selbstbewussteren Haltung gegenüber den Ärzten ermuntern. Drittens versucht es, gewisse Richtlinien über das Verhalten der Ärzte zu entwickeln. Denn weder der Patient noch der Arzt sind in aller Regel über ihre Rechte und Pflichten im klaren. Die gesetzlichen Grundlagen sind sehr abstrakt und teilweise unvollständig. Die diesbezügliche Rechtssprechung ist noch nicht gefestigt.

An dieser Stelle möchte ich den Patienten bzw. deren Angehörigen danken, die mir gestattet haben, ihren Fall in diesem Buch darzustellen. Es ist diesen Menschen ein Anliegen, das, was ihnen zugestossen ist, möge anderen erspart bleiben. Das war auch ihr einziges Motiv, einer Veröffentlichung zuzustimmen. Dank gebührt auch der Zürcher Patientenstelle und den Herren Dres. med. H. P. Kägi und E. Egli für ihre kritische Unterstützung, die mir sehr geholfen hat.

Hedingen, den 22. August 1983   Atılay İleri

Inhalt

Zu diesem Buch	5
Die Behandlungspflicht des Arztes	9
– Notfallarzt	14
– Hausarzt	14
– Andere Ärzte	16
– Spitäler	16
– Wann liegt ein Notfall vor?	16
Pflicht zur Diagnosestellung oder pflichtwidrige Unterlassung diagnostischer Massnahmen	19
Unterlassung der Therapie trotz richtiger Diagnose	41
Aufklärungspflicht des Arztes	55
Selbstbestimmungsrecht des Patienten	71
Falsche bzw. unsorgfältige Durchführung der Therapie	75
– Operation von falschen Organen	76
– Überholte Operationsmethoden	78

- Operationstechnische Fehler oder „Kunstfehler"
im eigentlichen Sinn 81
- Vergessene Operationsbestecke 85
- Andere therapeutische Fehler: 88
1. Verwechslung von Medikamenten 88
2. Verwendung von kontraindizierten Medikamenten . . . 91
3. Folgenschwere Nebenwirkungen von Medikamenten . . 93
- Bestrahlungsschäden und Schäden
durch technische Apparaturen 97

Beischlaf als Psychotherapie? 109

Narkosevorfälle 119
- Lokalanästhesievorfälle 119
- Vollnarkose und ihre Gefahren 126

Verletzung der Überwachungspflicht 141

Ehrverletzende Äusserungen von Ärzten
über ihre Patienten 149

Einige Gedanken zum Begriff „Kunstfehler" 155

Vom Umgang mit dem Gutachter 161

Plädoyer für eine einheitliche
Haftung des Arztes 167

Wörterverzeichnis der vorkommenden
medizinischen Fachausdrücke 171

Die Behandlungspflicht des Arztes

Wer sich krank fühlt, begibt sich in die Sprechstunde des Arztes, lässt sich untersuchen und behandeln, wenn der Arzt eine Krankheit feststellt. Dieser alltägliche Vorfall erscheint unproblematisch. Niemand denkt daran, dass der Arzt das Recht hat, den Patienten zurückzuweisen, das heisst, die Behandlung zu verweigern. Der Arzt macht aber von diesem Recht in der Regel keinen Gebrauch. Wenn er einen Patienten zurückweist, geschieht dies lediglich wegen Arbeitsüberlastung. Ein zurückgewiesener Patient hat andererseits keine Schwierigkeiten, einen anderen Arzt zu finden; meist wird ihm sogar vom Arzt, der ihn abweist, die Adresse eines anderen Arztes, an den er sich wenden kann, vermittelt.

Gilt das Gesagte auch für Notfälle? Darf sich z.B. der notfallmässig gerufene Arzt weigern, nachts um 2 Uhr einen Krankenbesuch zu machen?

Ein Notfallpatient bzw. seine Angehörigen erwarten vom Arzt, dass er alles liegen lässt und dem Notruf sofort Folge leistet. Die Ärzte hingegen stehen solchen Anrufen eher skeptisch gegenüber, nicht zuletzt deshalb, weil ein solcher Notfall naturgemäss entweder das ganze Tagesprogramm durcheinanderbringt oder die Freizeit oder gar die nächtliche Ruhe des Arztes erheblich stört. Aus diesem Grunde versucht der Arzt zunächst am Telefon herauszufinden, ob tatsächlich ein Notfall vorliegt, der seine Intervention nötig macht. Dadurch entsteht ein Interessenkonflikt zwischen dem Patienten bzw. seinen Angehörigen, die bereits Schlimmes befürchten, und dem Arzt, der die Situation etwas kühler und distanzierter beurteilt. Dabei ist der Arzt versucht, an den Notfallbegriff höhere Anforderungen zu stellen, als dies der Situation angemessen wäre. Was soll er also tun: den Kranken besuchen, in seine Praxis bestellen oder sich auf telefonischen Rat beschränken?

Auf all diese Fragen geben die Gesetze keine Antwort. Es gibt keine rechtlich verbindliche Definition des Notfallbegriffs. Anhand der folgenden zwei Beispiele soll nun trotzdem versucht werden, die Rechte und die Pflichten der Beteiligten in einem Notfall zu erfassen.

Fall P.

Die Eileiterschwangerschaft von Frau P. ist eines Nachts geplatzt. Der Ehemann ruft sofort den Arzt an und berichtet ihm über die starken Schmerzen seiner Frau auf der rechten Körperseite; Durchfall, Brechreiz und eine Untertemperatur von 34,1°. Der Arzt bagatellisiert die Symptome und weigert sich, die Patientin zu besuchen. Frau P. stirbt um 9.15 Uhr morgens. Die Obduktion ergibt, dass sie nach dem Platzen der Eileiterschwangerschaft innerlich verblutet ist.

Dieser Vorfall ereignete sich Anfang der fünfziger Jahre in der Bundesrepublik Deutschland. Der Ehemann klagte gegen den Arzt und das Deutsche Bundesgericht führte dazu folgendes aus:

Zitat ›Hätte Dr. A. gegen 1.45 Uhr den erbetenen Krankenbesuch gemacht, so hätte er die Natur der Erkrankung von Frau P. erkannt und für eine rechtzeitige Überführung in ein Krankenhaus gesorgt. Ein Kraftwagen zum Transport hätte innerhalb weniger Minuten beschafft werden können. In jedem Stadtbezirk ist ein nahegelegenes Krankenhaus zuständig. In dringenden Fällen kann innerhalb weniger Minuten der operative Eingriff vorgenommen werden. Frau P. hätte sich spätestens um 2.30 Uhr auf dem Operationstisch befunden. Wenn sie um diese Zeit operiert worden wäre, wäre sie gerettet worden. Dass es zu dieser Operation nicht gekommen ist, beruht auf dem Verschulden des Dr. A. Durch Bestallung und Niederlassung übernimmt der praktische Arzt die Pflicht, einem gesundheitlich schwer Gefährdeten im Notfall gemäss den Regeln der medizinischen Wissenschaft und Erfahrung beizustehen.

Dr. A. hatte in der fraglichen Nacht Bereitschaftsdienst. Hierdurch hat er nicht nur der kassenärztlichen Einrichtung gegenüber, sondern auch der Bevölkerung gegenüber die Rechtspflicht übernommen, in dringenden Erkrankungsfällen einzugreifen. Mit dieser Übernahme ist er zum Garanten für die Abwehr plötzlich eintretender Gefahren durch Erkrankung und Unglück geworden. Hätte er den Dienst nicht übernommen, so wäre ein anderer Bereitschaftsarzt bestellt worden, an den sich die Erkrankten dann nachts hätten wenden können. Jeder andere Arzt kann den Kranken auf den Nachtarzt verweisen. Deshalb steht es diesem nicht frei, die erbetene Behandlung zu verweigern oder zu gewähren, sondern er ist zur Übernahme verpflichtet. Es ist zwar dem pflichtgemässen Ermessen des Bereitschaftsarztes vorbehalten, ob der Fall einen Hausbesuch erfordert oder nicht. Die von Manolis P. angegebenen Symptome hätten aber Dr. A. unter allen Umständen veranlassen müssen, die Erkrankte aufzusuchen. Die Symptome konnten unter Umständen auf schweren Krankheitsprozessen beruhen. Bei dieser Sachlage hat sich Dr. A. keinesfalls auf eine Ferndiagnose verlassen dürfen. Er hätte sich sagen müssen, dass eine plötzliche schwere und beunruhigende Entwicklung der Krankheit eingetreten sein konnte. Wer als Bereitschaftsarzt den Schutz der Bevölkerung gegenüber gesundheitlichen Gefahren übernimmt, muss schon deshalb für pflichtwidriges Unterlassen ebenso einstehen wie für tätiges Handeln, weil die Pflichten anderer Ärzte gegenüber ihren Patienten für die Dauer des Bereitschaftsdienstes mindestens erheblich eingeschränkt werden. Die Ablehnung des Hausbesuches war pflichtwidrig. Ob ein behandelnder Arzt einen erbetenen Hausbesuch machen muss, richtet sich nach den Umständen des Einzelfalles. Der Arzt, der den betroffenen Patienten und die Natur seiner Erkrankung kennt, wird einen Besuch häufiger ablehnen können als derjenige, der den Patienten noch niemals untersucht hat. Nur offensichtlich unbegründete Besuchsbitten können abgelehnt werden. Dem Recht des Bereitschaftsarztes, erbetene Besuche als überflüssig abzulehnen, sind durch die Natur der Sache verhältnismässig enge Grenzen gesetzt. Zuverlässige Ferndiagnosen sind nur selten möglich.

An den aufgestellten Grundsätzen vermag auch die Erwägung nichts zu ändern, dass ein Teil der Mitglieder von Krankenkassen ganz allgemein, nicht nur nachts, zu überflüssiger Inanspruchnahme der Ärzte neigt. Hiergegen müssen sich die Ärzte auf andere Weise als durch Ferndiagnosen wehren. Denn die Frage, ob im Einzelfall der Besuch überflüssig ist, lässt sich eben in der Regel nicht durch eine Ferndiagnose klären. Auch die Höhe von Honorierung der Nachtbesuche muss bei der hier zu entscheidenden Frage ausser Betracht bleiben. Dr. A. genügte seiner Verpflichtung nicht durch die Weisung, Manolis P. solle wiederkommen, wenn es seiner Frau schlechter ginge. Denn in dem Augenblick, wo es für den Laien erkennbar Frau P. schlechter ging, konnte es schon für ein ärztliches Eingreifen zu spät sein.

Zitat Ende Das Verhalten des Manolis P. kann daher Dr. A. nicht entlasten.‹ (Urteil des BGH vom 1.3.1955 – 5 StR 583/54, NJW 1955, 718f.)

Fall U.S.

Ursula hatte von Geburt an gewisse Schwierigkeiten mit der Nahrungsaufnahme. Deshalb war sie verschiedene Male bei einem Kinderarzt in Behandlung. Zuletzt hat dieser Arzt die Mutter eingehend diätetisch beraten. 5 Tage später hat sich der Gesundheitszustand des Mädchens verschlechtert. Über den weiteren Verlauf orientiert der folgende Auszug aus dem Brief der schwer betroffenen Mutter:

›An einem Mittwoch abends um 21 Uhr hat unsere 13 Monate alte **Zitat** Tochter das erste Mal erbrochen. Danach schlief sie die Nacht hindurch. Am nächsten Tag hat sie das Frühstück auch wieder erbrochen und hatte dünnflüssigen, schleimigen Durchfall. Ich rief dann gegen 8.30 Uhr den Kinderarzt an. Am Telefon sprach ich mit seiner Gehilfin. Ich erklärte ihr, dass ich mit meiner Tochter vorbeikommen möchte, da sie starken Durchfall und Erbrechen habe. Die Arztgehilfin erklärte mir sehr selbstsicher, ich müsse gar nicht vorbeikommen, denn der Arzt könne auch nicht mehr tun. Sie ordnete mir an, dass ich meine Tochter auf Diät halten solle. Ich müsste weiterhin Orangensaft, Traubenzucker und Tee geben und in den Kühlschrank stellen, und davon häufig meiner Tochter zum Trinken geben. Sie wies mich an, sollte es bis Montag nicht besser gehen, dann dürfe ich nochmals anrufen. Ich fragte nochmals, ob sie ganz sicher sei, dass nichts Schlimmes vorliege und ob sie nicht lieber den Arzt fragen sollte; aber sie lehnte ab.

Sodann gab ich meiner Tochter sehr viel zu trinken. Da es ihr am Freitag noch immer nicht besser ging, sagte ich meinem Mann, dass wir nicht mehr bis Montag zuwarten könnten.

Am Samstag war Ursula schon bewusstlos. Als ich sie anzog, bekam sie bereits Fieberkrämpfe. Wir fuhren dann sofort in die Praxis des Kinderarztes. Er schaute sie an, gab ihr Medikamente und wies sie ins Kinderspital ein. Der Arzt beruhigte uns damit, dass Ursula im Spital behandelt und Infusion bekommen müsste, aber dass alles wieder gut werden würde.

Wir waren ca. eine Dreiviertelstunde in seiner Praxis. Da kein Krankenwagen zur Verfügung stand, mussten wir mit unserem Auto ins Kinderspital fahren. Im Spital wurde unsere Tochter sofort behandelt. Nach etwa einer Stunde teilten die Ärzte im Spital uns mit, dass unsere Tochter nach weiterem Verzug gestorben wäre. Sie war schon blau, als wir in der Notfallstation ankamen.‹ **Zitat Ende**

Das kleine Mädchen ist inzwischen 5jährig und seit diesem Vorfall geistig derart behindert, dass es weder seine Eltern kennt noch sprechen kann. Es befindet sich in einem Kinderheim für geistig behinderte Kinder und wird sein Leben voraussichtlich in einem Heim verbringen müssen.

Anmerkungen

Der privat praktizierende Arzt ist nicht verpflichtet, jeden Patienten zu behandeln. Es steht ihm frei, den Patienten zurückzuweisen. Wie jeder andere Beauftragte, z. B. Rechtsanwalt, Architekt, Agent usw., haben auch die Ärzte das Recht, den Auftrag des Patienten auf Behandlung abzulehnen. Wegen der Besonderheit der ärztlichen Tätigkeit gilt allerdings dieser Grundsatz nicht absolut. Denn wenn der Arzt sich weigert, einen Notfallpatienten zu behandeln, so kann dies für den Patienten unter Umständen tödlich enden. Daher rechtfertigt es sich, in Notfällen das Recht des frei praktizierenden Arztes, den Behandlungsauftrag abzulehnen, einzuschränken. Die Pflicht zur Behandlung besteht in folgenden Ausnahmefällen:

Notfallarzt

Der Notfallarzt ist verpflichtet, unabhängig davon, ob er von den Gemeinden und Städten eigens dafür besoldet und eingesetzt wird oder in einem grösseren Bezirk als frei praktizierender Arzt turnusmässig den Notfalldienst versieht, jeden Notfallpatienten in seinem Einzugsbereich zu behandeln. Dabei darf er nicht darauf bestehen, dass der Patient zu ihm in die Praxis kommt. Er ist nach den Umständen verpflichtet, zum Patienten nach Hause zu gehen, wenn der Patient oder seine Angehörigen glauben, einen Transport in die Praxis nicht verantworten zu können.

Hausarzt

Ein Patient, der sich plötzlich krank fühlt und vitale Gefährdung befürchtet, wird sich in der Regel an seinen Hausarzt wenden. Der Hausarzt hat das Recht, ›seinen‹ Patienten an den diensthabenden

Notfallarzt zu verweisen. Doch dort, wo dies – aus welchen Gründen auch immer – nicht möglich ist, ist auch er verpflichtet, zu jeder Tages- und Nachtzeit seinen Patienten zu behandeln. Denn zwischen dem Hausarzt und dem Patienten besteht ein dauerhaftes Rechtsverhältnis, das man etwas überspitzt als ›Dauerauftrag‹ bezeichnen könnte. Eine Verweigerung der Behandlung des Patienten durch den Hausarzt kann daher als ›Widerruf des Auftrages zur Unzeit‹ interpretiert werden, was den Hausarzt schadenersatzpflichtig macht.

Der Hausarzt ist allerdings in einer besseren Lage als der Notfallarzt, der den Patienten und seine Krankengeschichte nicht kennt. Der Hausarzt ist über die Krankheiten und Persönlichkeit seines Patienten informiert. Er kann also eher beurteilen, ob ein Notfall vorliegt. Es ist ihm gestattet, dem hilfesuchenden Patienten Ferntherapie zu empfehlen, wenn die Umstände und die Persönlichkeit des Patienten es rechtfertigen. Das dürfte allerdings nur dann der Fall sein, wenn eine dem Hausarzt bekannte, aber nicht lebensgefährliche Krankheit vom Patienten zum Anlass genommen wird, unter dem Vorwand eines Notfalls, vom Arzt einige beruhigende persönliche Worte zu hören.

Liegt ein Notfall vor und der Hausarzt ist aus wichtigen Gründen verhindert, den Patienten selbst zu behandeln, so hat er:
– alles daran zu setzen, dass der Patient ärztlich versorgt wird,
– den behandelnden Notfallarzt über allfällige wichtige Krankheiten des Patienten zu informieren, damit eine gezielte Behandlung vorgenommen werden kann. Wo dies nicht möglich ist, hat er den Patienten oder dessen Angehörige über allfällige Allergien und Krankheiten so zu informieren, dass der Notfallarzt, in Kenntnis dieser Tatsachen, die Behandlung fortführen kann. Es kann dem Hausarzt auch zugemutet werden, sich während seiner Ferien für einen eventuellen Anruf des Notfallarztes bereitzuhalten.

Diese umfangreichen Pflichten des Hausarztes müssen allerdings durch die eigene Vorsorge des Patienten ergänzt werden. Von ihm darf man erwarten, dass er eine – am besten internationale – Impfkarte bei sich trägt, welche neben lebensgefährlichen

Allergien über die bereits erfolgten Impfungen genauer Auskunft gibt.

Andere Ärzte

Die Ärzte, die weder Bereitschaftsdienst noch mit dem Patienten irgendwelche berufliche Beziehungen haben, sind verpflichtet, in Notfällen die erste ärztliche Hilfe zu leisten. Diese Pflicht wird in den Gesundheitsgesetzen der Kantone geregelt. Überdies sind auf eidgenössischer Ebene alle Ärzte verpflichtet, nach einem Strassenverkehrsunfall sofort Hilfe zu leisten.

Spitäler

Die öffentlich-rechtlichen Spitäler – das sind in der Regel die Kantons-, Bezirks- bzw. die Bürgerspitäler der Kantone und Gemeinden – sind verpflichtet, jeden Notfallpatienten aufzunehmen. Diese Pflicht ist in den kantonalen Gesundheitsgesetzen verankert.

Wann liegt ein Notfall vor?

Wer entscheidet darüber, was man unter dem Begriff Notfall verstehen darf: der Patient oder der Arzt?

Das Schweizerische Bundesgericht hat zu dieser Frage noch nicht Stellung genommen. Auch das Deutsche Bundesgericht beantwortet sie nicht mit hinreichender Klarheit. Es gibt keine gesetzliche Umschreibung, sogenannte Legaldefinition, des Notfallbegriffs. Für die Ärzte liegt ein Notfall vor, wenn die vitalen Funktionen des Körpers gefährdet sind. Das ist eine medizinisch-wissenschaftliche Definition, die sich auf objektive Kriterien stützt. Der medizinisch nicht gebildete Patient kann freilich nicht beurteilen, ob seine akuten Beschwerden lebensgefährlich sind. Aus Vorsicht und Angst um sein Leben, wird er eher einen Notfall annehmen, als dies medizinisch-wissenschaftlich tatsächlich der Fall wäre. Wegen der Tatsache, dass die Patienten ihre Beschwerden eher überbewerten, neigen die Ärzte dazu, einem Notfallruf des Patienten mit Zweifel zu begegnen.

Aus dieser unterschiedlichen Beurteilung der Situation entsteht ein Interessengegensatz zwischen dem Patienten und dem Arzt; während der Patient darauf pocht, dass der Arzt ihn sofort untersucht und behandelt, möchte dieser sicher sein, ob sein Einsatz tatsächlich unbedingt notwendig ist.

Wenn man sich allerdings vergegenwärtigt, welche Interessen auf dem Spiel stehen, so fällt es nicht schwer, das Recht dem Patienten einzuräumen, zu bestimmen, ob ein Notfall vorliegt, gleichgültig, ob auch medizinisch gesehen von einem Notfall gesprochen werden kann. Denn ein Notfall, den der Arzt nicht ernst nimmt, kann katastrophale Folgen haben, im Gegensatz zum überflüssigen Einsatz des Arztes für einen unechten Notfall. Der Gefährdung eines Menschenlebens steht schlimmstenfalls die verdiente Nachtruhe des Arztes gegenüber. Dass man das zweite dem ersteren opfern muss, versteht sich von selbst. Schliesslich darf man darauf hinweisen, dass der Arzt ja seinen Beruf freiwillig ausgewählt hat und von Anfang an damit zu rechnen hatte, dass die nächtlichen Ruhestörungen durch Notfallpatienten zum Bestandteil seiner Berufsausübung gehören würden.

Der Arzt haftet daher für die Folgen, wenn er sich in einem Notfall weigert, den Patienten zu behandeln. Er kann für diese Verweigerung straf- und zivilrechtlich zur Verantwortung gezogen werden.

Pflicht zur Diagnosestellung oder pflichtwidrige Unterlassung von diagnostischen Massnahmen

Wenn der Arzt den Auftrag übernimmt, den Patienten zu behandeln, so muss er zunächst wissen, welche Krankheit(en) er überhaupt bekämpfen muss. Er muss also erstmal die Krankheit entdecken, das heisst eine Diagnose stellen.

Dazu gehört als erstes die Aufnahme einer sorgfältigen Anamnese. Diese umfasst eine kurze Zusammenfassung der wichtigsten Daten über die Person des Patienten, seine früheren Krankheiten sowie diejenigen seiner Eltern und Geschwister. Sodann hat der Arzt die aktuellen Beschwerden, derentwillen sich ja der Patient zu ihm begibt, sorgfältig zu notieren.

Bei Notfallpatienten hat der Arzt alles, wie Dauer der Bewusstlosigkeit, äusserlich erkennbare Verletzungen, Angaben von Drittpersonen, die subjektiven Beschwerden des Patienten usw. schriftlich festzuhalten; dies ist für die spätere Beurteilung der Folgen des den Notfall verursachenden Ereignisses ausserordentlich wichtig.

Die Anamnese ist darum derart wichtig, weil deren schludrige Aufnahme eine Falschdiagnose und somit Fehltherapien mit unabsehbaren Folgen haben kann. Dass daraus dem Arzt ein Vorwurf erwächst, liegt auf der Hand.

Nach der Befragung des Patienten kommt die eigentliche Untersuchung durch den Arzt. Er hat dabei alle nach den Umständen erforderlichen klinischen und technischen Untersuchungen durchzuführen bzw. anzuordnen. Wenn er nicht in der Lage ist, die nach seiner Meinung notwendigen Abklärungen zu treffen, so hat er den Patienten einem Fachkollegen oder dem entsprechend ausgerüsteten Spital zu überweisen. Was man allerdings unter dem Begriff ›nach den Umständen erforderliche Untersuchungen‹ verstehen soll, lässt sich nicht allgemein beantworten. Es kommt auf die Art der Krankheit, deren Stadium, konkrete Situation und Befinden des Patienten usw. an. Es muss auch vor übertriebenen Untersuchungen gewarnt werden. Es ist absolut nicht statthaft, nach den Umständen unnötige Untersuchungen anzuordnen, die den Körper des Patienten stark belasten oder unnötige Kosten verursachen. Die Versuchung mancher Ärzte ist gross, die technischen Untersuchungen wie EKG, EEG, Röntgenaufnahmen, Computertomographie usw. anzuordnen, weil diese unter minimem Zeitaufwand des Arztes tarifmässig sehr hoch honoriert werden. Wenn man bedenkt, dass im Kanton Zürich ein Arzt für ein etwa halbstündiges Gespräch mit dem Patienten Fr. 14.– Honorar verlangen darf, während er für ein EEG, das in der Regel von der Arztgehilfin ausgeführt wird, für Fr. 196.– Rechnung stellen kann, so wird verständlich, dass manchmal mehr als nötig technische Untersuchungen angeordnet werden.

Wie immer, ist es auch in diesem Zusammenhang schwierig, das Mittelmass zu finden. Anhand von einigen Beispielen wird im folgenden versucht, die Pflicht des Arztes zur Diagnosestellung etwas konkreter zu umschreiben.

Fall N.

Die 46jährige Frau N., deren Vater an einer Krebskrankheit starb, wollte gegen Ende 1979 heiraten. Sie hatte Angst vor dieser Krankheit und wusste, welche Leiden die nächsten Angehörigen eines Krebskranken durchstehen müssen. Sie wünschte nicht, dass ihr künftiger Mann mit einer ähnlichen Situation konfrontiert werde. Deshalb tastete sie periodisch ihre Brust ab, um einen allfälligen Knoten frühzeitig zu entdecken. Im August 1979, kurz vor der Heirat, entdeckte sie in der linken Brust einen kirschgrossen Knoten und begab sich zu ihrem Frauenarzt, von dem sie sich seit etwa 10 Jahren routinemässig kontrollieren liess. Sie hatte zu ihm ein gutes Vertrauensverhältnis. Sie machte ihn ausdrücklich auf den Knoten und ihre Absicht zu heiraten, aufmerksam und fügte hinzu, dass sie von der Heirat absehen werde, wenn sie einen bösartigen Krebs haben sollte. Der Arzt untersuchte die Patientin klinisch – tastend – und sagte ihr, sie solle ruhig heiraten, es sei nichts Bösartiges.

Frau N. heiratete Oktober 1979. Sie hatte keine Beschwerden. Im Januar 1980 ging sie mit ihrem Mann in die Skiferien. Bei einem Sturz zog sie sich eine Bänderzerrung zu und begab sich zum Hausarzt. Bei der Untersuchung hat sie, eher beiläufig, auch über den Knoten in der linken Brust berichtet. Der Hausarzt veranlasste sofort eine Röntgenuntersuchung der Brust, die sogenannte Mammographie. Die Befürchtung der Patientin bewahrheitete sich, es war Brustkrebs!

Sie wurde sofort ins Spital eingewiesen, wo nach histologischen Untersuchungen die Diagnose bestätigt und die Brust sowie die Lymphdrüsen links radikal entfernt wurden.

Die Patientin war von ihrem Frauenarzt schwer enttäuscht. Sie informierte ihn über die Untersuchungsergebnisse und die Operation und forderte ihn auf, seine Haftpflichtversicherung einzuschalten. Sie verlangte von ihm bzw. seiner Versicherung den Ersatz des ihr entstandenen Schadens und die Bezahlung einer Geldsumme als Genugtuung für die erlittene seelische Unbill. Nach längerem Zögern bequemte sich der Arzt doch noch, diesen Schadenfall seiner Versicherung anzumelden. Die Versicherungsgesellschaft und die Patientin haben gemeinsam einen Experten zu Rate gezogen. In seinem umfangreichen Gutachten bejahte der Experte die Pflicht des Arztes, unter den gegebenen Umständen, vor allem wegen der weitreichenden Konsequenzen – Heirat oder nicht – die Mammographie zu veranlassen. Er hätte, nach Ansicht des Gutachters, mit Rücksicht auf die Bedeutung der Diagnose, für die Patientin alle diagnostischen Massnahmen anordnen müssen, um eine sichere Diagnose zu stellen. Trotz dieser eindeutigen

Aussage des Gutachters wies der Arzt seine Haftpflichtversicherung an, der Patientin keine Leistungen zu erbringen, weil er sich der Meinung des Gutachters nicht anschliessen konnte.

Anmerkungen

Der Knoten in der weiblichen Brust ist ein Alarmzeichen. Daher empfehlen die Frauenärzte ihren Patientinnen, ihre Brüste periodisch abzutasten und bei Feststellung einer verdächtigen Veränderung sofort den Arzt aufzusuchen.

Die Tatsache, dass der Arzt mit dem Abtasten der Brust die Bös- oder Gutartigkeit eines Knotens nicht feststellen kann, ist kaum mehr umstritten. Die meisten Ärzte begnügen sich nicht mehr mit dem Abtasten und ordnen weitere diagnostische Untersuchungen an. Zunächst wird eine Mammographie aufgenommen. Verstärkt sich der Verdacht, so steht dem Arzt die Möglichkeit offen, mit einer feinen Nadel den Knoten anzustechen und ihm Gewebe zu entnehmen (sogenannte Feinnadel-Biopsie). Dieses Gewebsstück wird dann histologisch untersucht. Die sicherste Methode ist allerdings die Öffnung der Brust und die Entnahme von Gewebsproben für die histologische Untersuchung. Man bedient sich dieser Methode allerdings nur dann, wenn der Verdacht auf die Bösartigkeit des Tumors ziemlich gross ist.

Fall S.

Das folgende Beispiel wird ziemlich ausführlich behandelt. Das hat zwei Gründe: Erstens spiegelt es die grundsätzlichen Meinungsdifferenzen unter den schweizerischen Chirurgen in bezug auf die Sicherstellung der Diagnose bei *Krebspatienten* und deren versicherungsrechtliche Konsequenzen wider, zweitens zeigt es den Patienten und Juristen, wie ein komplizierter ärztlicher Haftpflichtfall angegangen werden muss. Es enthält nämlich alle Spielregeln und Mittel, mit denen der Kampf auf beiden Seiten geführt wird.

Frau S., 49 Jahre alt, hatte seit ihrer Geburt ein behaartes Muttermal an der rechten Halsseite. Es störte ihr ästhetisches Empfinden und sie wollte es schon lange entfernen lassen. Im Frühling 1977 schlug eine Coiffeuse ihrer Kundin, Frau S., vor, das Muttermal mit der Schere (!) zu entfernen. Frau S. war damit einverstanden. Der Versuch misslang. Das Muttermal wurde verletzt und offenbar – was Wunder! – infiziert.

Der Hausarzt behandelte diese Wunde konservativ, d. h. mit Salbe und anderen harmlosen Mitteln. Da aber die eitrige Wunde nicht heilte, überwies er sie nach ca. 7 Monaten an einen Spezialarzt für Radiotherapie zur Beurteilung, damit dieser nötigenfalls die Haut mit Röntgenstrahlen behandle. Dieser vermutete allerdings ein krebsartiges Hautgeschwür (exulceriertes Hautkarzinom) und wies die Patientin mit einem entsprechenden Schreiben in das Spital ein, wo er auch das Amt des Chefarztes versah.

Gleich nach der Einweisung wurde die Patientin von einem Chirurgen des Spitals operiert. Als Indikation schrieb er in den Operationsbericht: ›Exulcerierender Hauttumor re. Halsseite (Spinaliom?).‹

Das herausoperierte Stück wurde histologisch untersucht. Ergebnis: Kein Krebs! Es war eine an sich ungefährliche, aber schlecht gepflegte eitrige Wunde gewesen. Nichts weiter!

Nach der Operation konnte die Patientin ihren rechten Arm nicht mehr richtig bewegen. Der beigezogene Neurologe stellte schwere Verletzungen der Nerven, vor allem des nervus accessorius, fest.

Die alleinstehende, damals 48jährige Frau, die in privaten Haushalten kranke Leute pflegte, war in ihrer Tätigkeit voll arbeitsunfähig. Die Ärzte des Spitals hatten Mitleid mit dieser Patientin und haben sie im Spital anstellen lassen. Da die Arbeitsleistungen der Patientin nicht befriedigten, wurde ihr später jedoch gekündigt. Zwischen Frau S. und dem Chefarzt fand eine Aussprache statt. Im Anschluss daran schrieb der Chefarzt an die Patientin:

›Gestern kamen Sie bei mir vorbei, um Rat zu holen, weil Sie mit Ihrem gelähmten Arm die bisherige Arbeit nicht mehr verrichten können.

Die Angelegenheit der Veränderungen Ihrer Schulter und des rechten Armes hängt zweifellos mit der Operation zusammen. Ihr Fall wurde deshalb der Haftpflichtversicherung gemeldet.

Da Ihre Sache wegen der nicht erneuerten Arbeitsbewilligung eilt, möchte ich Ihnen raten, sich direkt an die Haftpflichtversicherung zu wenden. Wir werden Ihnen, soweit wir können, dabei behilflich sein.‹ **Zitat Ende**

Daraufhin beauftragte die Versicherungsgesellschaft einen renommierten Neurologen, ein Gutachten zu erstellen. Die Versicherungsgesellschaft war offenbar der Meinung, dass nicht die Haftungsfrage, sondern nur noch die durch die Nervenverletzung bedingte Arbeitsunfähigkeit bzw. Invalidität der Patientin festgestellt werden müsse. Sie unterbreitete dem Neurologen aber auch die Haftungsfrage, d.h., ob seiner Meinung nach ein ›Kunstfehler‹ vorliege. Der Experte verneinte einen irgendwie gearteten Fehler des Chirurgen und schätzte die Invalidität der Patientin auf 35%.

Mit diesem Ergebnis unzufrieden, wandte sich die Patientin an die Zürcher Patientenstelle, um Rat zu holen.

Zunächst wurde ein Facharzt als Berater beigezogen. Er klärte die Patientin und ihren Rechtsvertreter auf, dass es verschiedene Hautkrebsarten gebe, wovon eine besonders bösartig sei. Sie heisse Melanom. Wenn man es anfasse, werde es besonders angriffig. Deshalb gelte bei dieser Hautkrebsart das Prinzip ›Fass-mich-nicht-an‹. Die anderen, ebenfalls bösartigen Krebsarten, wie Spinaliom oder Basliom, seien weniger gefährlich. Bei ihnen müsse man zunächst ein Stück Gewebe entnehmen und es histologisch untersuchen. Wenn die histologische Untersuchung den Krebsverdacht bestätige, dann müsse man den ganzen Tumor soweit herausoperieren, dass rund um die Geschwulst gesundes Fleisch herauskomme. Damit werde eine weitere Wucherungsgefahr – sogenannte Metastasierung – möglichst gebannt.

Nach dieser Auskunft war es auch für einen medizinischen Laien sehr einfach, auf Grund der Akten festzustellen, dass der

Chirurg bei dieser Patientin Spinaliom vermutete, also kein Melanom. Man musste sich dann die Frage stellen, warum denn die Ärzte in jenem Spital keine histologische Untersuchung angeordnet und deren Ergebnis abgewartet hatten, um eine sichere Diagnose zu haben, bevor sie einen so wichtigen Eingriff vornahmen. Auf weiterbohrende Fragen verwies der beratende Arzt an einen Krebsforscher, der die Aussagen dieses Arztes im wesentlichen bestätigte, aber kein Gutachten erstellen wollte. Im Telefongespräch sagte er noch, ›was in Amerika an Haftpflichtprozessen gegen Ärzte zuviel gemacht wird, wird in der Schweiz zuwenig gemacht‹. Es waren von ihm doch noch einige wichtige Details zu erfahren: Bei Melanomverdacht wird die Operation so vorbereitet, als wolle man alles herausoperieren. Der Patient wird entsprechend narkotisiert. Um die Gefahr einer unrichtigen Diagnose und somit einer unnützen Operation auszuschalten, entnimmt man vor Beginn der Operation ein Stück Gewebe und lässt es im Schnellverfahren auf Melanomverdacht untersuchen. Diese Zwischenuntersuchung dauert in einem gut ausgerüsteten Spital ca. eine halbe Stunde. Während dieser Zeit bleibt der Patient in der Narkose. Wird der Verdacht bestätigt, so wird die Operation fortgesetzt, d. h. der Tumor und das gesunde Gewebe um ihn herum werden radikal entfernt.

Ergibt aber diese Zwischenuntersuchung, dass kein Melanom zu befürchten ist, so wird die Operation nach Entnahme weiterer Gewebeproben abgebrochen.

Der Krebsforscher, der selbst kein Gutachten erstellen wollte, empfahl, einen anerkannten und erfahrenen Professor der Dermatologie anzufragen. Dieser bestätigte im wesentlichen die oben dargelegten Grundsätze, führte aber einschränkend aus:

Zitat
›Es ist nun aber eine Ermessensfrage, ob man einen 3 × 2 cm messenden exulcerierten Hauttumor in Kenntnis der Anamnese, dass dieser Tumor aus einem Muttermal, das verletzt wurde, entstanden ist, in einer Sitzung radikal entfernen oder ob man vorher eine relativ beschränkte diagnostische Exzision machen soll. Hier spielt die persönliche Erfahrung und das Abwägen

möglicher Risiken die entscheidende Rolle. Aufgrund der mir bekannten Fakten komme ich zum Schluss, dass den Ärzten des Spitals mit ihrem radikalen Vorgehen kein Vorwurf gemacht werden kann, da die Möglichkeit, dass es sich um ein Melanom hätte handeln können und damit das Risiko einer Metastasie-
Zitat Ende rung bestanden hätte, doch recht beträchtlich war.‹

Wie kommt er denn zum Melanomverdacht? Die Ärzte jenes Spitals hatten ja gar keinen Melanomverdacht. Sie vermuteten *Spinaliom!!!* Wie dieser Professor selber schreibt, hätte man also bei einem Spinaliomverdacht nicht sofort und radikal operieren, sondern die histologische Untersuchung abwarten müssen.

Die Versicherungsgesellschaft wollte von diesem Argument nichts wissen. Sie lehnte jede Haftung ab und weigerte sich, irgendwelche Leistungen zu erbringen. Erst nachdem Presse und Fernsehen sich für das Schicksal dieser Patientin zu interessieren begannen, war die Versicherungsgesellschaft bereit, ein neues, gemeinsames Gutachten in Auftrag zu geben, das für die Parteien unverbindlich sein sollte.

Das Gutachten war für die Patientin äusserst günstig. Die entscheidenden Stellen lauteten:

Zitat ›Frage an den Experten:
Erfolgte die primäre Abklärung im Spital mit der nötigen Sorgfalt?

Antwort des Experten:
Die Unterschiedlichkeit der erwähnten Hauttumore – Melanom und Spinaliom – zwingen den Chirurgen, einen Therapieplan zu erstellen, der sich auf eine histo-pathologische Diagnose abstützen muss. Eine Probeexzision aus dem Tumor, eventuell im Sinne einer knappen Exzision des gesamten Hauttumors, ist dazu nötig. An Spitälern mit der Möglichkeit der histo-pathologischen Schnelluntersuchung muss der Operateur eine halbe Stunde warten und kann dann in der gleichen Anästhesie nötigenfalls eine Radikaloperation anschliessen. Wenn der Patho-

loge sich aufgrund des Gefrierschnittes, der zur Schnelluntersuchung angelegt wird, nicht äussern will oder kann, ist auf die definitive Untersuchung zu warten und nötigenfalls in einem Zweiteingriff weiterzufahren. An Spitälern ohne die Möglichkeit einer sofortigen pathologisch-anatomischen Untersuchung, muss mit dem weiteren therapeutischen Vorgehen immer bis zum Eingang des Pathologieberichtes zugewartet werden. Die 1–3 Tage, die dazu notwendig sind, spielen prognostisch keine Rolle. Am Spital X. besteht ein leistungsfähiges pathologisches Institut. Von Chirurgen ist damit die Inanspruchnahme des Histopathologen bei unklarer klinischer Diagnose zu erwarten. Im vorliegenden Fall wurde von dieser Möglichkeit nicht Gebrauch gemacht, weil der Chirurg von seiner klinischen Diagnose Spinaliom überzeugt war. Eine Fehldiagnose ist an sich kein Kunstfehler. Die Unterlassung einer einfachen Zusatzuntersuchung, die zur Verfügung gestanden wäre und die eine sichere Diagnose ergeben hätte, zwingt m. E. zur Formulierung, dass nicht mit genügender Sorgfalt vorgegangen wurde.

Frage an den Experten:
Bestehen deshalb innerhalber der medizinischen Wissenschaft Meinungsdifferenzen darüber, ob bei einer Verdachtsdiagnose auf Spinaliom auf eine Probeexzision verzichtet werden soll (kann, muss)? Wenn ja, lässt sich feststellen, welches die herrschende Meinung ist?

Antwort des Experten:
Bei einem Verdacht auf Spinaliom bestehen keine Meinungsdifferenzen über die Statthaftigkeit einer Probeexzision wie beim Melanom. Ein Spinaliom ist ein Pflasterzell-Carzinom, und Pflasterzell-Carzinome jeglicher Lokalisation werden weltweit biopsischen Untersuchungen zugeführt. Ich kenne keine ernsthafte Publikation oder Kongressmitteilung, die anhand einer wissenschaftlichen Studie in der Probeexzision aus einem Pflasterzell-Carzinom eine Gefährdung des Patienten beschreibt. Zweifellos ist die Traumatisierung jeglicher Krebsgeschwulst möglichst zu

vermeiden, was uns Chirurgen zum Bestreben einer No-touch-Isolationstechnik beim Operieren von Krebsen veranlasst. Wenn andererseits Biopsien nachweislich ungünstige Auswirkungen auf den weiteren Krankheitsverlauf hätten, käme die moderne Medizin in einen echten diagnostischen Notstand.

Frage an den Experten:
Sofern Sie grundsätzlich eine Probeexzision befürworten, gilt dies auch in Fällen, in denen ein chronischer eitriger Prozess besteht?

Antwort des Experten:
Auch bei einem chronisch eitrigen Prozess ist eine Probeexzision unumgänglich, weil dabei eine Diagnose ohne Histologie noch schwieriger ist. In der Nachsorge wird man die infektiöse Situation entsprechend berücksichtigen und bei der Probeexzision nebst der Gewebeentnahme auch bakteriologische Untersuchungen durchführen.

Frage an den Experten:
Stellt der Verzicht auf eine Probeexzision im vorliegenden Fall einen Verstoss gegen anerkannte Regeln der ärztlichen Kunst bzw. Sorgfaltspflicht dar?

Antwort des Experten:
Ich komme nicht umhin, im vorliegenden Fall im Verzicht auf eine histologische Untersuchung des Hautexzisates vor Ausweitung des Eingriffes auf die Lymphknoten, einen Verstoss gegen die Sorgfaltspflicht zu postulieren.

Frage an den Experten:
Wie beurteilen Sie unter den vorliegenden Umständen die Aufklärungspflicht des Chirurgen?

Antwort des Experten:
Grundsätzlich untersteht der Chirurg vor jedem Eingriff der Aufklärungspflicht. Er hat seinen Kranken über die operative

Absicht, die damit verbundenen Folgen und eventuellen Risiken zu orientieren. Die Aufklärungspflicht kann aber nicht so weit gehen, dass der Kranke durch die Aussage verängstigt wird und einen eventuell lebensnotwendigen Eingriff deshalb verweigert. Wichtiger als der Buchstabe des Gesetzes ist das Vertrauensverhältnis zwischen Arzt und Patient.‹ **Zitat Ende**

Nach der Konsultation von zwei namhaften Chirurgieprofessoren in Zürich fand die Versicherungsgesellschaft, dass der Gutachter bei der Umschreibung des Pflichtenheftes der Chirurgen zu weit ging. Würden diese Gedanken zum Allgemeingut der chirurgischen Tätigkeit gemacht, so argumentierten die von der Versicherungsgesellschaft konsultierten Chefärzte, so könnte man keine Patienten mehr operieren; ›mir chönnted ja nümme schaffe‹.

Die Versicherungsgesellschaft offerierte daraufhin Fr. 40000.– für den Schaden und die Genugtuung. Wenn die Haftung nicht umstritten wäre, müsste dieser Betrag drei- bis viermal höher liegen. Die Patientin stimmte dieser Offerte zu, weil für sie das Prozessrisiko erheblich grösser war als jenes der Ärzte bzw. der Versicherungsgesellschaft. Auf die Prozessgefahr angesprochen, sagte der Leiter der Schadenabteilung dieser grossen Versicherungsgesellschaft in den Schlussverhandlungen, dass es für die Versicherungsgesellschaft keine grosse Rolle spiele, ob sie diesen Prozess verlieren oder gewinnen würde. Wenn sie obsiege, dann müsse sie nichts bezahlen. Verliere sie aber, so werde man das Risiko der Chirurgen höher veranschlagen und die Prämien für die Haftpflichtversicherung erhöhen müssen.

Anmerkungen

1. Welche Massstäbe wird sich die schweizerische Chirurgie geben oder von den Richtern bzw. Gesetzgebern geben lassen?

Die von der Versicherungsgesellschaft des Spitals konsultierten Ärzte sind der Meinung, dass der Chirurg, ohne den Patienten zu fragen und entsprechend aufzuklären, den Eingriff vornehmen kann, sofern *er* ihn für notwendig erachtet.

Der von den Parteien gemeinsam ernannte Gutachter ist dagegen der Auffassung, dass man vor einem solchen Eingriff zunächst den Patienten aufklären und seine Zustimmung einholen muss.

Der weitere Punkt, an dem sich die Geister scheiden, bezieht sich auf die Methoden zur Feststellung der Krebsdiagnose. Eine Gruppe von Chirurgen, die von der Versicherungsgesellschaft zu Rate gezogen wurde, meint offenbar immer noch, dass der Chirurg sich auf seine Augen- und Eigenuntersuchungen verlassen kann und nicht unbedingt ein Stück Gewebe zu entnehmen braucht, um dieses histologisch untersuchen zu lassen. Die sogenannte Schnellschnittuntersuchung während der Operation lehnen sie katogorisch ab. Die andere Auffassung dagegen fordert, dass man vor jeder ernsthaften Hautkrebsoperation eine histologische Untersuchung anordnen muss, um die Krebsdiagnose sicherzustellen. Bei dringenden Fällen wird die sogenannte Schnellschnittmethode empfohlen.

Einige bekannt gewordene Beispiele zeigen, dass die Ärzte ohne histologische Untersuchung Fehldiagnosen stellen und durch unnötige Operationen beim Patienten nicht wieder gutzumachende Schäden herbeiführen können. Die histologische Untersuchung dagegen stellt für den Patienten keine besondere Gefährdung dar. Gerade deshalb darf auf sie nicht verzichtet werden.

Es liegt auf der Hand, welcher Auffassung man den Vorzug geben muss. Es steht fest, dass es dem Patienten in der Regel nicht schadet, wenn der Chirurg zunächst die medizinisch zumutbaren und notwendigen diagnostischen Massnahmen einleitet. Es steht ausserhalb jeder Diskussion, dass es in beiden Fällen[1] nicht zu solch radikalen Operationen gekommen wäre, wenn diese relativ einfachen Gewebsuntersuchungen vorgenommen worden wären.

2. Der Chirurg hat drei grosse Fehler begangen:

a) Er hat es unterlassen, die Patientin über die Krebsdiagnose sowie die vorgesehene Operation und ihre Risiken aufzuklären.

---

[1] S. Seite 20ff.

b) Er hat es unterlassen, von der Patientin die Zustimmung zum vorgesehenen Eingriff einzuholen.

c) Er hat es unterlassen, die nach den Umständen notwendigen und zumutbaren diagnostischen Untersuchungen anzuordnen.

3. Dieses Beispiel zeigt aber auch sehr deutlich, dass Jurist und Patient ein Gutachten sehr sorgfältig durchlesen und sich eingehend mit den jeweiligen medizinischen Problemen auseinandersetzen müssen.

Man sollte sich dabei mit einem Mediziner, wenn möglich aus dem jeweiligen Fachgebiet, unterhalten und belehren lassen. Man darf sich als Laie nicht einschüchtern lassen und glauben, die medizinische Wissenschaft sei ein Buch mit sieben Siegeln. Jedes medizinische – im übrigen auch juristische – Problem lässt sich für den Laien verständlich darlegen. Es ist nicht notwenig, dass der Laie die gesamten medizinischen Zusammenhänge überblicken muss. Denn als Laie braucht man nur so viel medizinische Kenntnisse, um das Verhalten des Arztes nach juristischen Kriterien zu beurteilen. Wichtig ist dabei, dass man sich durch die mit lateinischen und griechischen Wörtern gespickte Sprache der Mediziner nicht verunsichern lassen darf. Jedes Fremdwort lässt sich übersetzen oder zumindest erläutern. Nicht nur die Juristen, die die von den Medizinern verfassten Gutachten mühsam enträtseln müssen, vor allem die Patienten sollten die Ärzte auffordern, ihnen die medizinischen Fragen in verständlicher Sprache zu erläutern.

Fall M. und D.

Im Juli 1927 erkrankte die 9jährige Maria, die mit den Eltern und vier weiteren Geschwistern in einem Bünder Bergdorf lebte. Der weit und breit einzige Landarzt, Dr. X., damals Kreisarzt genannt, wurde geholt und diagnostizierte ›Streptokokkenangina mit Halsabszess‹.

In der Folge erkrankten nacheinander auch die anderen vier Geschwister von Maria, u. a. der damals 8jährige Meinrad und die älteste Tochter Domenika, 17 Jahre alt. Der Arzt glaubte, diese

Kinder seien ebenfalls von Maria angesteckt worden. Da sich der Zustand von Meinrad und Domenika verschlechterte, haben die Eltern die Reise nach Chur angetreten, um einen anderen Arzt zu Rate zu ziehen. Diese Reise dauerte damals einen ganzen Tag. Der Arzt in Chur stellte sofort Diphtherie fest. Meinrad und Domenika starben trotz sofortiger Hospitalisierung. Die anderen drei Kinder konnten gerettet werden. Der Vater der Kinder erhob gegen den Landarzt Klage und verlangte Schadenersatz und Genugtuung.

Das Kreisgericht und Kantonsgericht (Obergericht) des Kantons Graubünden wiesen die Klage des Vaters ab. Das Bundesgericht schützte dagegen die Klage und sprach dem schwergeprüften Vater[1] Fr. 3000.– zu[2]. Das Bundesgericht hat in seiner Begründung u. a. folgendes ausgeführt:

Zitat ›Der Beklagte besuchte Meinrad T. zum ersten Mal am 17. August 1927. Domenika am 28. August 1927. Nach der hinsichtlich dieser beiden Patienten vom Beklagten nicht bestrittenen Darstellung des Klägers wurde er schon nach den ersten Krankheitssymptomen gerufen, die sich bei Meini am 15. und bei Domenika am 26. oder 27. August gezeigt hatten. Seine Diagnose, die laut den Krankenzetteln bei Meini auf Angina, bei Domenika auf Pharyngitis und Tonsillitis ging, war in beiden Fällen unrichtig; Dr. B. stellte schon am 1. September am Bette Domenikas Diphtherie fest, und dieser Befund wurde ihm bestätigt durch die mikroskopische Untersuchung bei Dr. N. am 1. September, sowie, auch hinsichtlich Meinrads, durch die Prüfung nach Einlieferung im Spital und den Bericht des Hygienischen Instituts der Universität Zürich. Der Experte hat in Übereinstimmung damit ausgeführt, dass Meini und Domenika schon

---

1 Die Mutter hat sicherlich nicht weniger, wenn nicht mehr, gelitten. Die Klage wurde aber nur vom Vater angestrengt. Ob die Bündner damals der Mutter als Frau die Prozessfähigkeit absprachen?

2 Es ist dem publizierten Urteil nicht zu entnehmen, wofür dieser Betrag zugesprochen wurde; Grabkosten, Genugtuung? Der Vater klagte auf Fr. 10000.–, erhielt aber Fr. 3000.–. Die Beträge erscheinen aus heutiger Sicht lächerlich. Man muss aber auch die Geldentwertung mitberücksichtigen.

in Z. an echter Diphtherie erkrankt waren. Beide kantonalen Instanzen haben sich dem angeschlossen, so dass eine unangefochtene und für das Bundesgericht verbindliche tatsächliche Feststellung vorliegt (Art. 81 OG), des Inhalts, dass die beiden Kinder, als der Beklagte gerufen wurde, an Diphtherie erkrankt waren und nachher an deren Folgen gestorben sind.

In der Unrichtigkeit der Diagnose liegt jedoch nach der ständigen Rechtsprechung des Bundesgerichtes für sich allein kein Verschulden. Die medizinische wie die menschliche Wissenschaft überhaupt ist nicht so vollkommen, dass bei gewissenhafter Untersuchung durch den Fachmann ein Irrtum, d. h. hier eine Fehldiagnose, schlechthin ausgeschlossen wäre. Was man dagegen vom Arzte verlangen kann und muss, ist eben diese gewissenhafte, aufmerksame Untersuchung, unter Anwendung aller Regeln der Kunst und des gegenwärtigen Standes der Wissenschaft, und die Anordnung einer Behandlung, welche der so gefundenen Diagnose entspricht (vgl. BGE 34 II S. 32ff.; 53 II S. 300). Es frägt sich daher, ob dem Beklagten eine Nachlässigkeit bei der Stellung der Diagnose und ein Nichtwissen von Dingen zum Vorwurf gemacht werden muss, die der Arzt notwendig wissen muss.

Diese Frage des Verschuldens ist Rechtsfrage; die Pflichten des Arztes sind die eines Rechtsverhältnisses zwischen ihm und dem Patienten, und ihre Verbindlichkeit gründet sich auf das Gesetz. Das Bundesgericht ist daher an die Entscheidung des kantonalen Richters darüber nicht gebunden, sondern kann sie überprüfen. Dagegen ist es so gut wie der kantonale Richter gezwungen, die technischen Kenntnisse des Sachverständigen zur Entscheidung der Schuldfrage heranzuziehen. Im vorliegenden Fall ist der Experte, Prof. E., von der richtigen Auffassung ausgegangen, dass die Unrichtigkeit der Diagnose an sich kein Verschulden des Arztes darstellt; denn er hat ausgeführt, dass die Fälle angeblicher falscher Diagnosen aus früherer Zeit nicht gegen den Beklagten ausgespielt werden dürfen, da ‚einzelne solcher Irrtümer jedem Arzt unterlaufen können, ohne dass man ihn dafür verantwortlich machen kann'. Trotzdem hat es der

Experte als einen Fehler bezeichnet, ‚dass Dr. X. nie an Diphtherie gedacht hat', und zwar konnte der Experte unter einem Fehler hier nur einen schuldhaften Fehler verstehen, denn der Vorwurf ist gegen das Verhalten des Beklagten gerichtet, dessen Verantwortlichkeit der Experte in diesem Zusammenhang ausdrücklich zur Diskussion gestellt hat, während die blosse objektive Unrichtigkeit der Diagnose bereits feststand und übrigens nie bestritten wurde. Die Bejahung der Schuldfrage beruht auf der Feststellung des Experten, dass die Kinder schon während der Behandlung durch Dr. X. diphtherische Beläge, jedenfalls in der letzten Zeit, gehabt haben müssen, einer Feststellung, die der Sachverständige im Anschluss an die von Dr. B. ermittelten Tatsachen und gestützt auf seine eigene langjährige Erfahrung gemacht hat.‹

Es folgen Ausführungen darüber, wieso der beklagte Arzt die Diphtherie ohne nähere Untersuchungen hätte erkennen können. Das Nichterkennen der Diphtherie bewertet das Bundesgericht also als Verschulden und führt weiter aus:

›Ein Verschulden des Arztes besteht aber auch darin, dass er die Diagnose vollendet, bevor er alle gebotenen Untersuchungsmethoden angewandt hat (BGE 34 II S. 40). Im vorliegenden Fall hat der Beklagte weder selbst eine bakteriologische Untersuchung durchgeführt – Dr. B. konnte am 1. September eine solche im Sprechzimmer vornehmen – noch eine solche durch eine hierfür besonders eingerichtete Anstalt durchführen lassen. Nun war aber die Erkrankung beider Kinder ernst; der Experte bezeichnete den Zustand Meinis als ‚offenbar schwer', der Beklagte, Dr. X., selbst schrieb an den Experten: ‚Am 17. August erkrankte Meini sehr heftig', und nach seiner eigenen Darstellung muss auch der Fall Domenikas so gewesen sein, dass er die Beiziehung eines anderen Arztes wünschte. ‚In jedem Falle, wo das Krankheitsbild aber ernst ist', schreibt der Experte, ‚oder wo wiederholte Fälle in einer Familie vorgekommen sind, ist eine bakteriologische Untersuchung angezeigt, und zwar kulturell, was dem praktischen Arzt weniger Mühe und mehr Sicherheit bringt als die mikroskopische Probe. Nach Z. wird in der Regel in drei, spätestens vier Tagen der telephonische Bericht des Hygieneinstitutes Zürich eintreffen können'. Angesichts des Zustandes der Kinder und des Umstandes, dass es das dritte und vierte der in verdächtiger Weise erkrankten Kinder waren, musste sich die Anordnung der bakteriologischen Untersuchung demnach als unerlässlich erweisen. Damit stimmt der Bericht Dr. B.s an den Experten überein: ‚Unvorsichtig war es unzweifelhaft, dass er auf wiederholte Vorstellungen der Eltern T. hin, die stets von Diphtherie redeten, sich nicht zu einem Abstrich entschliessen konnte. Es sind in längerem Zwischenraum vier Kinder erkrankt an Angina, und von einem sagte er mir selber, es hätte eine innere Halsmuskellähmung. Das hätte ihn wohl veranlassen sollen, sich durch Abstrich wenigstens zu sichern.' Daraus geht auch hervor, dass die Eltern der Kinder ihrerseits Diphtherieverdacht hatten und dass aber der Beklagte mit einer wahren Hartnäckigkeit diesen Verdacht ablehnte und gleichzeitig die gebotene Untersuchung unterliess.‹ **Zitat Ende**

(Urteil des Schweizerischen Bundesgerichtes vom 6. Mai 1931, veröffentlicht BGE 57 II 196 ff.)

Dieses mehr als 50 Jahre alte Urteil und die darin entwickelten Grundsätze haben an Aktualität nichts verloren. Ein Beispiel aus der jüngsten Zeit bestätigt mit seiner ganzen Tragik, dass der Arzt seine Untersuchungen gewissenhaft und aufmerksam durchzuführen hat.

Fall R.

Der 3½jährige Robert begann gegen 21 Uhr zu erbrechen. Die beunruhigte Mutter fragte die Spielkameraden des Knaben, ob sie etwas Unbekanntes gegessen oder getrunken hätten. Es war aber nichts Aussergewöhnliches festzustellen. Da das Kind am nächsten Tag immer noch erbrach, ging die Mutter mit ihm zum Dorfarzt. Dieser untersuchte das Kind und gab der Mutter ein paar Medika-

mente mit nach Hause. Diese haben nichts genützt. Das Kind bekam zum Erbrechen noch Durchfall, so dass die Mutter ihm viel zu trinken gab. Am nächsten Tag hatte sich der Zustand des Kindes immer noch nicht gebessert. Die Mutter rief den Arzt an und fragte ihn um Rat. Dieser empfahl stärkere Zäpfchen gegen den Durchfall, welcher daraufhin etwas zurückging. Doch das Kind begann gegen Abend zu phantasieren, soweit, dass es seine Mutter nicht mehr erkannte. Diese rief wieder den Arzt an, der sofort kam. Die Mutter erzählte ihm den Tagesablauf und ihre Beobachtungen, vor allem ihren Eindruck, dass das Kind tiefliegende Augen und blaue Lippen habe. Der Arzt sprach mit dem Kind und stellte ihm Fragen, die es grösstenteils richtig beantwortete. Das Kind wollte aber auf der falschen Seite unter die Bettdecke kriechen und sagte zwischendurch, dass es ›heimgehen‹ möchte. Der Wirklichkeitsbezug des Kindes war also trotz der vorherigen richtigen Antworten offensichtlich gestört. Der Arzt fand die Situation nicht ernst und beruhigte die Eltern, dass der Knabe sich in ein paar Stunden wieder erholen würde.

Die Aussagen der Eltern und des Arztes darüber, ob das Kind ins Kinderspital eingewiesen werden sollte, gehen auseinander. Während der Arzt behauptete, der Vater des Kindes habe sich dagegen ausgesprochen, sagten die Eltern in ihrer Einvernahme vor dem Untersuchungsrichter übereinstimmend aus, dass der Arzt auf eine entsprechende Anfrage hin betont habe, eine Hospitalisierung sei nicht notwendig, er könne es verantworten.

In der Nacht gegen 3.00 Uhr wurde der Arzt noch einmal angerufen. Er kam und musste den Tod des Knaben feststellen.

Wegen ›aussergewöhnlichem Todesfall‹ wurde gegen den Arzt eine Strafuntersuchung eingeleitet und das Gerichtsmedizinische Institut mit der Ausarbeitung eines Gutachtens beauftragt. Der wichtigste Passus des Gutachtens führt aus:

Zitat ›Die offensichtliche Fehleinschätzung der Situation hatte insofern schwere Folgen, als die in diesem Zustande dringend notwendig gewesene Spitaleinweisung nicht veranlasst wurde. Bekanntlich machte der Arzt später geltend, der Vater habe die

Hospitalisation seines Kindes nicht gewünscht. Andererseits konnte es der Arzt gemäss seiner Aussage aber verantworten, Robert zu jenem Zeitpunkt nicht einzuweisen, weshalb unserer Meinung nach die Einstellung der Eltern zur Frage der Hospitalisation kaum ins Gewicht fällt. Wäre der Arzt wirklich der Ansicht gewesen, dass es für das Kind besser sei, in einer Klinik behandelt zu werden, so hätte er die Eltern diesbezüglich orientieren sollen und hätte, falls sich die Eltern gegen diese Massnahme gewehrt hätten, dies *in der Krankengeschichte* vermerken müssen.

Dass die Indikation zur Hospitalisation in der damaligen Situation gegeben war, geht aus unseren bisherigen Ausführungen klar hervor. Gemäss den Richtlinien der Universitäts-Kinderklinik Zürich, *die den Zürcher Medizinstudenten seit Jahren vermittelt werden,* muss ein Kleinkind mit Brechdurchfällen beim Auftreten erster Anzeichen eines Flüssigkeitsverlustes *unverzüglich* hospitalisiert werden. Gerade diese Zeichen wurden aber im vorliegenden Fall nicht erkannt bzw. falsch interpretiert. Da der Arzt den Zustand des Kindes an jenem Abend offensichtlich als ‚nicht ganz harmlos' beurteilte, hätte er unserer Ansicht nach, unter Berücksichtigung der Tatsache, dass er nicht über eine breitere pädiatrische Erfahrung verfügte, die Hospitalisation auch ohne korrekte Diagnosestellung vornehmen sollen.

Wird ein Kind in dehydriertem Zustand einer Klinik überwiesen, so erfolgt seine weitere Behandlung in einer Intensivstation. Die verlorengegangene Flüssigkeit muss durch intravenöse Infusionen ersetzt werden und ausserdem gilt dem Ausgleich der Elektrolyse ein besonderes Augenmerk. *Die Überlebenschancen* werden von der Universitäts-Kinderklinik als *gut bezeichnet,* wenn die Einweisung des Kindes rechtzeitig erfolgt. Wäre Robert anlässlich der letzten ärztlichen Konsultation unverzüglich hospitalisiert worden, so hätte er demzufolge gute Überlebenschancen gehabt.‹ **Zitat Ende**

Anmerkungen

1. Schon 1931 hat das Bundesgericht von den Ärzten eine ›gewissenhafte, aufmerksame Untersuchung, unter Anwendung aller Regeln der Kunst und des gegenwärtigen Standes der Wissenschaft‹ gefordert, um so die Diagnose sicher zu stellen. Diesen Grundsatz hat jeder Arzt und jeder Medizinstudent in sein Stammbuch zu schreiben.

Im übrigen sei jedem Arzt und Patienten empfohlen, das abgedruckte Urteil des Falles M. und D. im vollen Wortlaut zu lesen. Man spürt die persönliche Betroffenheit der Bundesrichter, die sich durch die beschwichtigenden Ausführungen des Experten nicht blenden liessen und einer formal juristischen Argumentation der Experten mit gesundem richterlichen Menschenverstand begegneten.

2. Das Bundesgericht betont, dass die Fehldiagnose an sich dem Arzt nicht als Verschulden zugerechnet werden darf. Dieser Grundsatz gilt heute noch. Man muss aber zugleich hinzufügen, dass die falsche Diagnose nur dann keinen Fehler darstellt, wenn der Arzt

– die Anamnese sorgfältig aufgenommen,

– alle nach den Umständen notwendigen diagnostischen Massnahmen getroffen oder angeordnet

– und gegebenenfalls den Patienten rechtzeitig einem Fachkollegen oder in ein Spital überwiesen hat, um die Diagnose bzw. eine einwandfreie Überwachung des Patienten sicherzustellen.

Wenn er sich in der Diagnose dennoch irrt, so bestehen nur zwei Möglichkeiten: Entweder gestatten die sämtlichen Abklärungen überhaupt keine sichere Diagnose oder der Arzt ist nicht fähig, die ihm vorliegenden Fakten – Anamnese und Untersuchungsergebnisse – richtig zu interpretieren.

Selbstverständlich müssen dabei allfällige Meinungsdifferenzen innerhalb der medizinischen Wisenschaften berücksichtigt werden. Es geht aber nicht an, mit Hinweis auf die unterschiedlichen Auffassungen innerhalb der Medizin eine Fehldiagnose zu rechtfertigen. Der Arzt ist unter Umständen verpflichtet, auch jene diagnostischen Massnahmen zu ergreifen, die er mit Hinweis auf die ›andere Meinung‹ glaubt unterlassen zu dürfen, wenn diese dem Patienten nicht schaden und kostenmässig das Prinzip der Verhältnismässigkeit nicht verletzen.

Unterlassung der Therapie trotz richtiger Diagnose

Der Arzt, der die Behandlung des Patienten übernimmt, hat diese zu Ende zu führen oder wenn er sie aus wichtigen Gründen nicht mehr fortführen kann, dafür zu sorgen, dass der Patient weiter behandelt wird. Die Unterbrechung der Therapie oder die Unterlassung der Nachkontrollen bedeutet Pflichtverletzung. Der Arzt hat daher, wenn die Behandlung seiner Meinung nach abgeschlossen ist, dies dem Patienten ausdrücklich mitzuteilen und in die Krankengeschichte einen entsprechenden Vermerk einzutragen.

In diesen Pflichtbereich des Arztes gehört auch, dass er den Therapieplan mit dem Patienten zu besprechen und ihn über dessen Verlauf zu informieren hat.

Fall K.

Ein 45jähriger Mann wurde nach einem in alkoholisierten Zustand selbst verursachten Unfall in ein Kantonsspital eingeliefert. Der rechte Unterschenkel war mehrfach gebrochen (sogenannte Trümmerfraktur). Die Bruchstelle wurde wie üblich eingegipst. Durch die späteren Röntgenkontrollen wurde festgestellt, dass die Knochen sehr schlecht zusammengewachsen waren. Man musste den Gips entfernen, die Knochen brechen, neu zusammensetzen und natürlich wieder eingipsen. Das Ergebnis war jeweils unbefriedigend, so dass der Patient mehrere Male operiert werden musste.

Der Patient blieb 6 Wochen im Spital und wurde mit dem eingegipsten Bein entlassen. Es folgten die üblichen Nachkontrollen. Nach einer Weile wurde er nicht mehr aufgeboten. Die Ärzte sagten ihm auch nicht, dass die Behandlung abgeschlossen sei. Eine Zuweisung an den Hausarzt oder an einen anderen Arzt erfolgte nicht. Die Knochen waren derart schlecht zusammengewachsen, dass auch ein Laie mit blossen Augen das Ergebnis feststellen konnte: An der Bruchstelle bildete das Schienbein eine stufenartige Vorwölbung im Ausmass von ca. 1–1,5 cm. Das verhiess nichts Gutes.

Der Patient, von Beruf Lastwagenfahrer, lief mehrere Monate so herum. Dank beispielhafter sozialer Einstellung seines Arbeitgebers konnte er bei etwas niedrigerem Lohn im Betrieb anderweitig beschäftigt werden. Da er den Unfall in alkoholisiertem Zustand selbst verursachte, weigerte sich die Schweizerische Unfallversicherungsanstalt (SUVA), irgendwelche Leistungen zu erbringen; weder für Spital- und Arztkosten noch für den Lohnausfall kam sie auf. So musste der Patient neben dem Lohnverlust die enormen Spital- und Arztkosten selbst tragen.

Er stand kurz vor dem finanziellen Ruin. Die Ehefrau musste durch Aufnahme einer Erwerbstätigkeit in die Bresche springen. Einer kostspieligen Korrekturoperation konnte er sich daher nicht unterziehen. Die Not war so gross und das Unrecht so offensichtlich, so dass die Verwaltung seiner Wohngemeinde sich veranlasst sah, an den Chefarzt der entsprechenden Klinik des Kantonsspitals die höfliche Anfrage zu richten, ob nicht ein Kunstfehler vorläge. Die Antwort des Chefarztes verdient hier abgedruckt zu werden:

Zitat ›Man hat mir Ihr vom 9.10.1979 datiertes, bei unserer Spitalverwaltung am 15.10.1979 eingegangenes Schreiben in dieser Angelegenheit zur Stellungnahme vorgelegt. Ich kann Ihnen dazu folgendes mitteilen:

Der Patient wurde bei uns am 21. April 1978 in schwer alkoholisiertem Zustand eingeliefert. Seine Hauptverletzung bestand in einer offenen Unterschenkel-Trümmerfraktur rechts. Es handelte sich um eine sehr schwere, komplexe Fraktur. Wegen der grossen Hautwunde kam eine operative Behandlung weder am Anfang noch vorerst im weiteren Verlauf überhaupt nicht in Frage. Man musste froh sein, dass es nicht zu weiteren Schädigungen, insbesondere zu einer Infektion der Fraktur selbst und des oberen und unteren Sprunggelenkes kam.

Bei der Entlassung am 29. Mai 1978 war die Fraktur selbstverständlich nicht geheilt. Der Patient trug einen Gipsverband und war nicht arbeitsfähig.

Die weiteren regelmässigen Kontrollen fanden in der Poliklinik statt, wo eine ganz langsame Besserung festgestellt werden konnte. Bei der letzten Kontrolle vom 13. Oktober 1978 war die Fraktur aber noch nicht geheilt. Mit grösster Wahrscheinlichkeit wäre es damals zu einem operativen Vorgehen gekommen, der Patient hat sich dann aber unserer Kontrolle entzogen.

Ihre Fragen kann ich wie folgt beantworten:

a) Ist es möglich, dass ein ‚Kunstfehler' vorliegt, dessen Behebung zu Lasten des Spitals genommen werden sollte?

Es liegt kein Kunstfehler vor.

b) Wie hoch stellen sich die voraussichtlichen Kosten für eine zweite Operation und den Spitalaufenthalt?

Diese Frage kann nur aufgrund der Kenntnis des heutigen Zustandes beantwortet werden, wobei vor allem der Zustand der Weichteile, insbesondere der Haut, von Bedeutung ist.

Es muss schätzungsweise mit einer weiteren Heilungsdauer von einem halben Jahr gerechnet werden.‹ **Zitat Ende**

Inzwischen konnte der Patient seine Schulden grösstenteils zurückzahlen und die finanziellen Belastungen der Korrekturoperation auf sich nehmen. Er musste wieder ohne Lohnersatz mehrere Monate der Arbeit fernbleiben und die horrenden Spital- und Arztkosten ratenweise tilgen.

Die Ehefrau des Patienten war überzeugt davon, dass irgend jemand irgendwo einen Fehler gemacht hatte. Sie wandte sich an die Zürcher Patientenstelle, die mit dem Spital bzw. dessen Haftpflichtversicherung die Verhandlung führte.

Nach langen und müsamen Besprechungen gab das Spital seiner Haftpflichtversicherung doch noch grünes Licht[1], dem Patienten eine angemessene Entschädigung zu bezahlen. Die Ärzte konnten sich zwar nicht zu der Einsicht durchringen, einen ›Kunstfehler‹ begangen zu haben, gaben aber zu, dass einige ›Schönheitsfehler‹ passiert seien.

Anmerkungen

Die Versicherungsgesellschaft hat wegen dieser ›Schönheitsfehler‹, die den Patienten einige zehntausend Franken gekostet hatten, einen Teil des Schadens übernommen. Sie anerkannte die Haftpflicht des Spitales zwar nicht, war aber bereit, unter den Titeln ›Prozessrisiko-Auskauf‹ und ›Humanität‹ einen ansehnlichen Betrag zu bezahlen.

Die Leser mit fundierten medizinischen Kenntnissen werden sich fragen, ob nicht das Kantonsspital den eigentlichen Fehler bereits bei der Behandlung der Trümmerfraktur begangen hat. Die Verletzung der Nachkontrollpflicht war indessen derart gravierend, dass man aus juristischem Pragmatismus über die übrigen Punkte nicht weiter diskutierte. Immerhin sei festgehalten, dass in zwei Bereichen Fehler gemacht wurden, wovon jeder für sich die Haftpflicht des Spitals zu begründen vermöchte. Zunächst wurde die Trümmerfraktur schludrig behandelt. Zweitens unterbrach man die Therapie und die Nachkontrollen, ohne den Patienten darüber zu informieren oder einem anderen Arzt zuzuweisen.

---

1 Es kommt vor, dass die Haftpflichtversicherungen aus rechtlichen Überlegungen die Haftung bejahen und den Schaden zu bezahlen bereit sind, während gewisse Ärzte und Spitäler dies als Verletzung ihrer Berufsehre betrachten. Sie bewerten, ohne rot zu werden, ihre falsch verstandene Berufsehre höher als die finanzielle Existenz ihres ehemaligen Patienten. Vgl. dazu die Äusserung von Prof. Allgöwer, damals Präsident der Schweiz. Gesellschaft für Chirurgie und der Weltorganisation: ›In der sachlichen Erledigung der haftpflichtrechtlichen Ansprüche beanspruchen und haben wir natürlich volles Mitspracherecht‹ (Sonntagsblick vom 26.10.1980).

Fall R. N.

Die 50jährig Frau R. N. wurde von ihrem Hausarzt wegen des Verdachtes auf Morbus Addison – Erkrankung der Nebenniere – ins Spital eingewiesen. Sie blieb dort 11 Tage und wurde gründlich untersucht. Bei den Röntgenaufnahmen stellte man im Bereich des rechten Lungenoberfeldes ›eine rundliche, relativ scharf begrenzte Verschattung mit zentralen Aufhellungen ohne Drainagebronchus‹ fest. Die Ärzte im Spital interpretierten diese Verschattung als einen eingeschlafenen Tuberkuloseherd, der jederzeit aufflammen könnte. Man entliess die Patientin in die hausärztliche Kontrolle. Die Untersuchungsergebnisse wurden, wie üblich, in einem Austrittsbericht festgehalten und dem Hausarzt zugestellt. Dieser führte die Behandlung weiter. Es vergingen fast vier Jahre. Die Patientin begann zunehmend über deutliche Ermüdungserscheinungen mit späterem Auftreten von Übelkeit und gelegentlichem Erbrechen zu klagen. Der Hausarzt wies sie erneut ins Spital ein. Diesmal war das Ergebnis klar und eindeutig: die Patientin hatte Lungenkrebs. Der Schatten auf dem Röntgenbild vor vier Jahren war kein eingeschlafener Tuberkuloseherd, sondern ein damals kleiner Tumor, der nun die ganze Lungenhälfte beherrschte und auf die anderen Organe übergriff. Man versuchte durch die Entfernung der Lungenhälfte die Patientin zu retten. Es war jedoch zu spät.

Anmerkungen

Es stand fest, dass die Ärzte vor vier Jahren dem kleinen Schatten auf dem Röntgenbild keine Beachtung schenkten. Er wurde zwar im Austrittsbericht erwähnt; die Spitalärzte unterliessen es aber, den Hausarzt ausdrücklich darauf aufmerksam zu machen oder die Patientin selbst zu Nachkontrollen aufzubieten, obschon es unumstritten ist, dass ein solcher Schatten auf der Lunge ständig beobachtet werden muss, als was man ihn auch interpretiert. Nach Ansicht der zu Rate gezogenen Lungenärzte muss man solche Patienten nach vier, spätestens zwölf Wochen erneut röntgen. Stellt man fest, dass der Schatten gleich gross geblieben ist, so wird ein neuer Kontrolltermin vereinbart. Ist aber eine Änderung, vor allem eine Vergrösserung, zu beobachten, so ist eine operative Entfernung dieses Herds je nach seiner Grösse lebenswichtig. Manche Lungenärzte halten den Eingriff für notwendig, wenn der Schatten einen Durchmesser von ca. 2 cm erreicht hat.

Unklar und rechtlich nicht geregelt ist die Antwort auf die Frage, wer diesen Schatten hätte weiterverfolgen müssen, der Hausarzt oder das Spital? Die Hausärzte, die die Berichte der Spitäler unkritisch überfliegen, sind zeitlich stärker beansprucht und oft überfordert. Im fraglichen Austrittsbericht wurde unter den Abschnitten ›Diagnose‹ und ›Beurteilung und weiteres Procedere‹ dieser Schatten mit keinem Wort erwähnt. Es sind aber gerade jene Abschnitte eines Austrittsberichtes, die die zeitgeplagten Hausärzte lesen, um ihre weitere Behandlung danach auszurichten. Das Spital hätte also unter diesen Umständen
– die Patientin selbst zu weiteren Kontrollen aufbieten oder
– den Hausarzt ausdrücklich auf den Schatten und die Notwendigkeit der Kontrollen aufmerksam machen müssen.

Wenn die Entwicklung des Schattens aufmerksam verfolgt und bei Veränderung des Bildes rechtzeitig eingegriffen worden wäre, so hätte man das Leben der Patientin verlängern oder gar retten können.

Fall Y.

Eine 58jährige Bäuerin, Frau Y., zog sich durch einen Unfall eine offene Wunde zu und begab sich sofort zum Arzt. Sie war gegen Starrkrampf nicht geimpft. Der aufgesuchte Arzt nähte *die Wunde und spritzte 0,5 ml Tetanus-Anatoxal. Da in seiner Praxis Tetuman (ein anderes Mittel gegen Starrkrampf, welches mit Anatoxal gemeinsam verabreicht werden muss) nicht vorrätig war, bestellte er die Patientin vier Tage später in seine Praxis, wo er ihr das inzwischen eingetroffene Tetuman injizierte. Die Patientin starb trotzdem kurze Zeit später im Spital an Starrkrampf.*

Die Söhne der Patientin nahmen diesen Schicksalsschlag hin, während eine alte Bekannte der Verstorbenen ein ungutes Gefühl hatte. Sie wandte sich an die Redaktion einer auflagestarken Zeitschrift, auf deren Intervention hin der Arzt seine Haftpflichtversicherung einschaltete. Der Redaktor der Zeitschrift und die Versicherungsgesellschaft kamen überein, einen angesehenen Mediziner zu beauftragen, in einem Gutachten zur Frage einer allfälligen Pflichtverletzung Stellung zu nehmen. Seine im folgenden wörtlich abgedruckten Ausführungen sind für jedermann von grosser Wichtigkeit:

Vorbemerkung

Als Vorbemerkung muss ich festhalten, dass die zur Verfügung stehenden Unterlagen einzelne Unklarheiten enthalten. Während der behandelnde Arzt angibt, im Anschluss an die Wundnaht am Unfalltag 0,5 ml Tetanus-Anatoxal und vier Tage später Tetuman injiziert zu haben, wird in der Krankengeschichte des Spitals die Anatoxalinjektion per 24.5.1980 (Unfalltag 20.5.1980) angegeben und das Tetuman nicht erwähnt. Im weiteren ist aus den Unterlagen nicht ersichtlich, welcher zeitliche Abstand zwischen dem Unfalltag und der Wundversorgung herrschte. Ebensowenig ist klar, ob wirklich eine Wundausschneidung erfolgte oder nur eine ‚Wundnaht'. Der Arzt verwendet in seinem Text einmal den Ausdruck Wundversorgung, später den Ausdruck Wundnaht.

Diese beiden Punkte sind für die Beurteilung des Falles von entscheidender Bedeutung. Ich gehe in meinen nachfolgenden Ausführungen davon aus, dass bezüglich der Injektionen die Angaben des Arztes und nicht diejenigen durch die Drittpersonen im Spital zutreffen, und dass zwischen dem Unfall und der Wundversorgung ein zeitlicher Abstand von weniger als sechs Stunden herrschte. Auch nehme ich an, dass tatsächlich eine Wundversorgung, das heisst eine Excision der Wundränder erfolgte. Ich muss Sie indessen bitten, diesen Tatbestand abzuklären, da, falls er nicht zutrifft, die Schlussfolgerung meines Gutachtens nicht verwertbar wäre.

Zitat

Grundsätzliches

Der Wundstarrkrampf ist eine Erkrankung, die mit an Sicherheit grenzender Wahrscheinlichkeit nur dann durch ärztliche Massnahmen verhütet werden kann, wenn im Zeitpunkt der Verletzung der Patient bereits über eine wirksam gewordene, frühere präventive Schutzimpfung verfügt. Für ungeimpfte Verletzte gibt es im oder nach dem Zeitpunkt der Verletzung keine Methode, die den Ausbruch des Starrkrampfes mit Sicherheit zu verhüten vermag. Der behandelnde Arzt ist wohl zu vorbeugenden Massnahmen verpflichtet, welche der Verhütung eines Starrkrampfes dienen können, er kann jedoch den Patienten nicht von dem Risiko befreien, das durch den früheren freiwilligen Verzicht auf eine Schutzimpfung gegeben ist.

Die erwähnte Verpflichtung des Arztes, auch ohne Erfolgsgarantie prophylaktische Massnahmen bei der Erstversorgung des Verletzten vorzunehmen, gilt im besonderen Masse für Verletzungen mit bekanntem erhöhtem Tetanusrisiko. Dazu gehören landwirtschaftliche Verletzungen, und um eine solche handelt es sich im vorliegenden Fall.

Erwägungen bezüglich der Massnahmen des erstbehandelnden Arztes

Falls der Arzt, gemäss meiner Annahme, eine echte Wundversorgung vorgenommen hat und schon bei der Erstbehandlung Tetanus-Anatoxal spritzte, so hat er damit den Beweis erbracht, dass er sich des Tetanusrisikos bewusst war, und dass er durch die Einleitung der Schutzimpfung (Anatoxal-Spritze) die Patientin jedenfalls für die Eventualität späterer erneuter Verletzungen zu schützen beabsichtigte. Die zusätzliche Gabe von Tetuman wäre an sich indiziert, ist jedoch nicht unproblematisch. Da es sich um ein nur beschränkt verfügbares Medikament menschlicher Herkunft handelt und da in der Schweiz, selbst bei landwirtschaftlichen Verletzungen nur unter Tausenden von Wunden ein Starrkrampf auftritt, ist die systematische obligatorische Verabreichung dieses Medikamentes in manchen ärztlichen Kreisen nicht unwidersprochen geblieben. Es besteht somit im Falle von Verletzungen ungeimpfter Personen für den Arzt ein echtes Dilemma.

Prinzipiell kann von einem Kunstfehler nur dann gesprochen werden, wenn der Arzt das Tetanusrisiko als solches missachtet und gar keine prophylaktischen Massnahmen ergreift. Dies war hier um so weniger der Fall, als der behandelnde Arzt nach seinen Angaben bei der nächsten Konsultation der Patientin das ihm erst dann verfügbare Tetuman injiziert hat. Ich muss allerdings beifügen, dass es nach der Art der Verletzung optimal gewesen wäre, das Tetuman raschmöglichst zu beschaffen und am folgenden Tage zu injizieren. Ob dadurch der Ausbruch des Starrkrampfes verhindert worden wäre, ist allerdings eine offene Frage.

Aufgrund der vorangegangenen Beurteilung kann ich Ihre speziell gestellten Fragen nunmehr wie folgt beantworten:

1. Ist nach Ihrem Dafürhalten der Kausalzusammenhang zwischen dem Verhalten des Arztes (lediglich Verabreichung von Tetanus-Anatoxal bei angeblich ungeimpfter Patientin) und der innerhalb von 4 Tagen aufgetretenen Tetanus-Infektion gegeben?

Der elementare Kausalzusammenhang besteht zwischen der Verletzung der Patientin, der hierbei erfolgten Kontamination und dem Ausbruch des Starrkrampfes. Als zweiter Kausalfaktor ist der Umstand zu nennen, dass die Patientin keine präventive Schutzimpfung aufwies. Den Massnahmen des Arztes kommt nur eine bedingte Kausalität zu, da die Tetumanverabreichung eine Verfügbarkeits- und Ermessensfrage ist und es nicht sicher ist, ob diese Massnahme den tödlichen Starrkrampf tatsächlich verhindert hätte.

2. Ist der Arzt verpflichtet, bei nichtgeimpften Patienten nebst Anatoxal auch *immer* Tetuman zu spritzen, da es sich doch um ein menschliches Serum handelt, das nicht in grosser Menge zur Verfügung steht?

Der Arzt ist nicht verpflichtet, bei nichtgeimpften Patienten immer Tetuman zu spritzen, doch besteht bei landwirtschaftlichen Verletzungen mehr Anlass, dies zu tun.

3. Wie verhält es sich bei Patienten, die ungenaue Angaben machen, das heisst nicht sicher wissen, ob sie schon einmal gegen Tetanus geimpft wurden (sogenannter Pooster-Effekt)?

Im Zweifelsfalle muss immer die ungünstigste Variante der ungenauen Angaben als gegeben betrachtet werden.

4. Wie beurteilen Sie aufgrund der vorliegenden Angaben die Verhaltensweise des Arztes?

4.1. Sehen Sie in dessen Verhalten eine Missachtung der allgemein anerkannten und zum Gemeingut gewordenen Grundsätze der medizinischen Wissenschaft (Kunstfehler), die eine Haftpflicht zu begründen vermöchte?

Das Verhalten des Arztes kann objektiv nicht als optimal bezeichnet werden. Es hält sich jedoch im Rahmen des dem Arzt zustehenden Ermessens und beinhaltet keinen Kunstfehler, der eine Haftpflicht begründet.

<u>Bemerkungen.</u> Ich wiederhole die einleitende Bemerkung, wonach meine Ausführungen von der Voraussetzung ausgehen, dass meine Annahme des nicht widerspruchslos geschilderten objektiven Tatbestandes zutrifft.‹

Nachdem die Versicherungsgesellschaft die vom Gutachter verlangten Ergänzungsangaben beschaffte und an ihn weitergeleitet hatte, führte der Gutachter folgendes aus:

›Aufgrund Ihrer Angaben kann ich meine Schlussfolgerungen wie folgt ergänzen:

– Die immunologischen Massnahmen im Anschluss an den Unfall sind zwar objektiv nicht optimal gewesen, beweisen aber, dass der erstbehandelnde Arzt das Tetanusrisiko berücksichtigt hat und, im Rahmen des ihm materiell möglichen, prophylaktische Injektionen verabreichte, nämlich bei der 1. Konsultation eine Anatoxal-Spritze und nach Erhalt des Präparates, 4 Tage später, das Tetuman. Objektiv ideal wäre für die ungeimpfte

Patientin die gleichzeitige Anwendung beider Injektionen gewesen. Es muss aber wiederholt werden, dass auch damit kein absoluter Schutz vor der Starrkrampfinfektion gewährleistet gewesen wäre, und dass die Verantwortung für die Unterlassung einer präventiven Schutzimpfung dem Patienten und nicht dem Arzt anzulasten ist.

— Auch die Behandlung der Wunde ist objektiv nicht optimal. Bei landwirtschaftlichen Verletzungen ist für die chirurgische Wundversorgung nicht nur eine Wundnaht, sondern auch eine vorgängige Wundausschneidung zu fordern. Es ist indessen dem Umstand Rechnung zu tragen, dass diese Forderung in der Praxis in schweizerischen Verhältnissen und in denjenigen der Nachbarländer nur sehr minoritär erfüllt wird, und dass die Vorschriften der Mehrzahl von Ambulatorien und Polikliniken dieses Vorgehen in der Regel nicht präzis formulieren. Das optimale Vorgehen wird – leider – weder mehrheitlich gelehrt noch mehrheitlich gehandhabt.

Es ergibt sich somit, dass dem erstbehandelnden Arzt ein ‚Kunstfehler' oder eine ‚Verletzung der Sorgfaltspflicht' nicht zur Last gelegt werden kann. Angesichts der Verkettung zweier, objektiv nicht optimaler Massnahmen sollte eine freiwillige Ausrichtung von Versicherungsleistungen geprüft werden können. Allerdings denke ich dabei nur an eine Entschädigung für effektive durch die Krankheit und den Tod der Patientin entstandenen, anderweitig ungedeckten Kosten, nicht jedoch an eine Entschädigung an die Angehörigen.‹ **Zitat Ende**

Anmerkungen

Die Ausführungen des Gutachters darüber, ob ein Kunstfehler vorliegt und welche Leistungen erbracht werden müssen, beschlagen ausschliesslich das juristische Terrain und sind als solche unbeachtlich. Er verwechselt den juristischen Kausalitätsbegriff mit dem Verschulden. Die entscheidende Frage hätte lauten müssen:

Was ist *wahrscheinlicher,* dass die Patientin bei der optimalen ärztlichen Versorgung überlebt hätte oder trotzdem gestorben wäre?

Diese Frage wurde zwar dem Experten nicht ausdrücklich gestellt. Seine Ausführungen lassen aber keinen Zweifel darüber aufkommen, dass die Wahrscheinlichkeit des Überlebens der Patientin bei optimaler Versorgung grösser gewesen wäre als ihr Tod. Damit ist die naturwissenschaftliche Kausalität im rechtlichen Sinne gegeben, d. h. die beiden Unterlassungen des Arztes, unsachgemässe Behandlung der Wunde und das späte Verabreichen des Tetuman, sind zumindest *mit*verantwortlich für den Tod der Patientin.

So verwirrend es für den Laien auch klingen mag, ist mit der Bejahung der naturwissenschaftlichen Kausalität auch diejenige der juristischen Kausalität und die Verschuldensfrage positiv beantwortet: Die Unterlassung einer optimalen Behandlung, obwohl sie ohne grossen Aufwand möglich wäre, ist doch geeignet, die Gesundheit und das Leben eines Patienten zu gefährden. Wenn der Arzt keine Gründe vorbringen kann, die seine Unterlassungen als entschuldbar erscheinen lassen, so ist er für die Folgen seines Verhaltens voll verantwortlich.

Mit einem ähnlichen Fall hatte sich das Obergericht Freiburg auseinanderzusetzen. Die Oberrichter fanden:

Zitat ›Bei einem Unfall, der sich auf der Strasse zugetragen hat, ist der behandelnde Arzt in dem Falle, wo die Wunde unregelmässige Ränder aufweist, verpflichtet, alle nach dem Stand der Wissenschaft möglichen Vorkehren gegen Starrkrampf zu treffen, insbesondere gegebenenfalls eine vorbeugende Einspritzung mit Antitetanusserum zu machen. Unterlässt er diese Vorkehren und stirbt der Patient an Starrkrampf, so trifft den Arzt ein Verschul**Zitat Ende** den, das ihn schadenersatzpflichtig macht.‹
(Schweiz. Juristenzeitung 1961, S. 357.)

Die Versicherungsgesellschaft konnte sich im Falle von Frau Y. dieser Argumentation nicht verschliessen und bejahte die Haftung des Arztes. Sie durfte allerdings ihre Leistungen erheblich kürzen, weil man ein Mitverschulden der Patientin annehmen musste. Denn als Bäuerin hätte sie sich gegen Starrkrampf prophylaktisch impfen lassen müssen. Die Versicherungsgesellschaft übernahm daher nur einen Teil der Beerdigungskosten und bezahlte den Hinterbliebenen reduzierte Genugtuungssummen. Damit hat zwar die Versicherungsgesellschaft – richtigerweise – mehr bezahlt als der Gutachter empfohlen hat. Aber wie bereits an anderer Stelle erwähnt, ist der Gutachter kein Richter. Er hatte lediglich zur Frage der Kausalität und einem allfälligen Verschulden des Arztes aus medizinischer Sicht Stellung zu nehmen.

Aufklärungspflicht des Arztes

Mit dem Erwachen des Rechtsbewusstseins des Patienten gewann auch die Aufklärungsdiskussion stark an Aktualität. Wie keine andere Pflicht des Arztes steht sie im Rampenlicht der öffentlichen Auseinandersetzung zwischen den Patienten und den Ärzten. Die Heftigkeit der Diskussion hat zwei Gründe:

Erstens ist es rechtlich sehr schwierig, den Umfang der Aufklärungspflicht generell-abstrakt zu bestimmen, weil er von Fall zu Fall zu- oder abnimmt.

Um dieser Schwierigkeit gewahr zu werden, muss man sich zwei extreme Situationen vorstellen:

Ein Patient wird in bewusstlosem Zustand notfallmässig ins Spital eingeliefert. Es wäre widersinnig, von den Ärzten zu erwarten, dass sie solange mit der Behandlung warten, bis der Patient zum Bewusstsein kommt oder seine Angehörigen konsultiert werden können, wenn jede Sekunde über das Leben oder den Tod des Patienten entscheidet. Umgekehrt: Man würde es den Ärzten sogar übelnehmen, wenn sie nicht sofort handelten. In solchen Notsituationen braucht der Arzt seinen Patienten nicht aufzuklären. Er hat das zu unternehmen, was im Interesse des Patienten erforderlich ist.

Man möge sich die andere extreme Situation auch vergegenwärtigen: Eine Frau findet, dass ihre Brüste zu gross sind und verkleinert werden müssen. Sie begibt sich zum ›Starchirurgen‹, der sich dem Hörensagen und den Boulevardpresseberichten nach auf Schönheitsoperationen spezialisiert haben soll. Ohne Aufklärung der Patientin wird die Operation, deren Kosten zur Finanzstärke der Patientin in einem gewissen Verhältnis stehen, durchgeführt, mit dem Ergebnis, dass die Operation misslingt und die sonst hübsche Frau bei einem anderen seriösen Chirurgen die Korrekturoperationen durchführen lassen muss.

Es sei nochmals betont, dass es sich bei diesen frei erfundenen, aber von der Realität keinen Millimeter entfernten Beispielen um Extreme handelt, um die Spannweite der Aufklärungspflicht abzustecken. Es geht natürlich nicht an, das eine oder andere Extrembeispiel für die Umschreibung der ärztlichen Sorgfaltspflicht zugrunde zu legen. Es gilt der Grundsatz, dass man an die Aufklärungspflicht um so höhere Anforderungen stellt, je unnötiger der Eingriff ist und umgekehrt.

Die Ermittlung des vernünftigen Mittelmasses an Aufklärung in jedem konkreten Fall ist schwierig. Die Ärzte neigen natürlich dazu, ihr Verhalten so beurteilen zu lassen, als ob sie immer notfallmässig handelten. Damit haben sie auch bis jetzt Erfolg gehabt. Denn nicht von ungefähr ist die Rechtsprechung des Bundesgerichtes in Sachen Ärztehaftung so zurückhaltend, wie in keinem anderen Bereich des Lebens. Doch merken inzwischen auch die Laien, dass der Arzt nur selten notfallmässig handelt. In den meisten Fällen hat er genügend Zeit, mit seinen Patienten über Diagnose und Therapiemöglichkeiten zu reden und sie darüber aufzuklären.

Der zweite Grund, warum die Aufklärungspflicht des Arztes so heftig diskutiert wird, besteht darin, dass sie am bisherigen Berufsverständnis vieler Ärzte rührt. Ein aufgeklärter Patient stellt Fragen, will wissen, was der Arzt mit ihm machen will. Der Arzt muss oft ›alberne‹ Fragen beantworten, die ihm lästig sind. Doch das Bedürfnis des Patienten nach mehr Aufklärung steigt, je mehr das Arzt-Patient-Verhältnis von Routine und Anonymität beherrscht wird.

Das Bild des Arztes hat sich in den letzten Jahren gewaltig gewandelt. Der Arzt, so verstand man ihn, war jemand, der, einmal den Eid des Hippokrates geschworen, sich mit allen ihm zur Verfügung stehenden Mitteln für den Patienten einsetzte, gegen die Krankheit und die Natur kämpfte, um seinen Patienten zu heilen, zu retten, zu befreien. In der unausgesprochenen Vorstellung des Patienten stellte er einen selbstlosen, bescheidenen, liebevoll-autoritären Vaterersatz dar, der Tag und Nacht seinen Patienten zur Verfügung stand. Der Patient war sicher, dass der Arzt, aus seiner humanistischen Verpflichtung heraus, alles tun würde, ihn zu heilen. Dank dieser Vorstellung war das Vertrauen grenzenlos. Er stellte die Diagnose, entschied über die Therapie, ohne den Patienten vorher eingehend aufzuklären. Manchmal mag er sogar aus psychologischen Gründen die Prognose verharmlost haben, um den Patienten Mut zu machen und in ihm die eigenen Abwehrkräfte, die in der modernen Medizin oft als irrational abgetan werden, zu mobilisieren. Der vom unerschütterlichen Vertrauen beseelte Patient hatte keine Veranlassung, sich aufklären zu lassen. Als Gegenleistung zu dieser gesellschaftlich verantwortungsschweren Rolle genoss der Arzt ein sehr hohes Ansehen. Sein Wort hatte grosses Gewicht. Man hat seine Äusserungen ausserhalb der Medizin ebenfalls ernstgenommen und kaum zu kritisieren gewagt, auch wenn man anderer Meinung war.

Leider geriet dieses Idealbild vom Arzt immer mehr ins Wanken – und nicht zuletzt durch die Ärzte selbst. Studiert der Medizinstudent tatsächlich Medizin, weil er sich berufen fühlt? Oder kalkuliert er gleich am Anfang seiner akademischen Berufswahl ein, dass er als Mediziner in Zukunft ein ansehnliches Einkommen und gesellschaftliches Ansehen erreichen wird? Aus dem Arzt, dem unanfechtbaren Humanisten, ist ein apparaturgläubiger Technokrat entstanden, der für seine Vermögensvermehrung und -verwaltung mehr Zeit aufwendet als für die Fortbildung in seinem eigenen Fachbereich. Nicht umsonst sahen sich die Professoren Meyer und Waser von der Universität Zürich, beides Ärzte, veranlasst, in ihrem Gutachten über die Frischzellentherapie vom 31.8.1979 an den Regierungsrat des Kantons Zürich zu schreiben:

> Zitat ›Vorstellung und Hoffnung eines Patienten können auch schwere Leiden günstig beeinflussen. Mit der Hoffnung auf langes und beschwerdefreies Leben, der Hoffnung auf Heilung von Krebskranken und mongoloider Kinder lässt sich andererseits viel Geld verdienen.‹ Zitat Ende

Nicht irgendwo, sondern in der Schweizerischen Ärztezeitung[1], schreibt ein Arzt über die Geldgierigkeit seiner Kollegen:

Zitat ›Der Ehrenkodex der selbstdispensierenden Ärzte verbietet es, für Medikamente aus Gratismustersendungen Rechnung zu stellen. Genau dasselbe Verbot steht auch in der für mich gültigen Kantonalen Verordnung (seltsamerweise ist es 1979 ersatzlos gestrichen worden ...). Und entsprechend verlangt die Distributionsvereinbarung von den Herstellerfirmen, die Muster gut sichtbar als unverkäufliche Ware zu kennzeichnen. Das hat uns leider eine wahre Konfettischlacht von Klebern in allen Formen beschert, weshalb ich sämtliche Muster gleich nach Eintreffen nachmarkiere, und zwar mit Filzstift, schräg über die ganze Packung. Und derselbe Schrägstrich kommt dann, bei der Abgabe, ins Verrechnungsfeld des Krankenblatts. Auf die Arzneikosten für Patient oder Kasse macht dies denn auch eine Einsparung von durchschnittlich 18% aus.

Nun aber gibt es Firmenvertreter, die sich entsetzen und beleidigt sind, wenn ihre wertvollen Kundengeschenke quasi missachtet statt profitträchtig umgesetzt werden: ,Das machen doch alle so!' Alle? Sicher nur jene, bei welchen die kaufmännische Begabung die ärztlich-soziale übersteigt.

Indessen wirkt es bedenklich, dass Ärztebesucher sich ganz auf diesen Typus eingestellt haben. Dazu gehören übrigens auch die eben wieder zugesandten Preisetiketten zum Überkleben

---

[1] Schweiz. Ärztezeitung 1981, Heft 40, S. 2894/95.

von Restbeständen: Was noch zum alten Preis eingekauft wurde, soll schon zum höheren neuen Preis verkauft werden können. Als ich bei einer Firma gegen diese Unterstellung ärztlicher Krämermentalität protestierte, zeigte man sich sehr erstaunt und sprach von einer Flut von Etikettennachfragen ... Zur Korrektur von Inflationsverlusten ist ja sogar eine dreimalige Preisüberklebung rechtlich zulässig; wo aber der einzelne die Grenze ziehen will, bleibt wiederum persönliche Ermessens- oder Gewissensfrage. Erst durch die Art, in der man darauf einsteigt, erfahren Gewerbe- und Geschäftspraktiken ihre Einschätzung – doch der Beruf des Arztes ist kein Gewerbe, heisst es in der Standesordnung.‹ **Zitat Ende**

Aus dieser Veränderung des Berufsselbstverständnisses des Arztes hat sich zwangsläufig die Einstellung des Patienten zu ihm gewandelt. Diese seit langem in Gang befindliche Entwicklung auf beiden Seiten und die unentschuldbaren Fehlleistungen von Ärzten haben zur Verunsicherung des Patienten beigetragen, der heute nicht ohne weiteres annehmen kann, dass sich der Arzt für ihn und seine Krankheit einsetzt. Viele Patienten haben heute das Gefühl, dass sie von ihrem Arzt nicht ernst genommen werden[1].

Der Patient ist weltweit dabei, seine Vorstellung vom Arzt zu revidieren. Dass diese Revision den Ärzten wehtut, ist einfühlbar. Der Arzt hat angesichts dieser Entwicklung zur Kenntnis zu nehmen, dass der Patient, den er nicht ernstnimmt und den er als Objekt seiner Erwerbstätigkeit ansieht, nicht mehr bereit ist, über sich entscheiden zu lassen. *Er will wissen – und es ist sein gutes Recht – was für Krankheiten er hat, wie diese festgestellt wurden, welche Therapiemöglichkeiten offenstehen und welche Risiken die vorgesehene oder vorgeschlagene Therapie beinhaltet.*

---

1 Als im Jahre 1980 die Zürcher Patientenstelle ihre Tätigkeit aufnahm, haben 37,9% der Patienten als erstes Anliegen das Nichternstnehmen durch den Arzt erwähnt. Nach einer Umfrage des renommierten Allensbacher Institutes für Demoskopie in der BRD haben 68% der Bundesbürger Deutschlands sich darüber beklagt, die Ärzte hätten zu wenig Zeit für ihre Patienten.

Die Aufklärungspflicht berührt aber nicht nur das Arztbild des Patienten, sondern auch die ungeheure Machtfülle, die die Ärzte, wie keine andere gesellschaftliche Gruppe, in ihrer Hand vereinigt haben. Es gibt heute kaum einen Bereich des menschlichen Zusammenlebens, wo man ohne Arztzeugnis auskommt. Man denke an Stellenbewerbungen, Militärdiensttauglichkeit, Haftersstehungsfähigkeit, Fahrtüchtigkeit, Ehefähigkeit usw. usw. und an die vielen Gutachten für die Versicherungen, in denen über die ökonomische Existenz der Patienten, seine Arbeitsfähigkeit, Invalidität usw. entschieden wird. Diese geballte gesellschaftliche Macht der Ärzte hat bis vor kurzem niemanden gestört. Inzwischen haben einige Ärzte ihre berufliche Tätigkeit zu einem Gewerbe degradiert. Wenn aber eine so ungeheure Macht makroökonomische Dimensionen annimmt, stellt sich die Frage, ob diese Macht missbraucht werden kann und wie sie zu kontrollieren ist[1].

Es ist auffallend, dass bei jeder Diskussion über die Aufklärungspflicht sofort die Frage aufgeworfen wird, ob der Arzt dem Krebspatienten die Diagnose mitteilen soll. Man wird aber auf der anderen Seite den Eindruck nicht los, dass manche Ärzte sich hinter dieses schreckerregende Wort verschanzen, um ihrer unangenehmen Aufklärungspflicht zu entgehen. Denn jedermann hat Verständnis dafür, dass man einen ohnehin todgeweihten Krebspatienten nicht noch mit der brutalen Wirklichkeit konfrontiert und ihm, neben den körperlichen, noch seelische Schmerzen zufügt.

Doch so dramatisch sehen die Dinge in der Wirklichkeit nicht aus:

---

[1] Man erzählt die folgende Anekdote, die sich zwischen Kemal Atatürk und dem berühmten Nervenarzt und Gründer der ersten psychiatrischen Klinik in der Türkei, Dr. M. Osman Uzman, abgespielt haben soll: Kurz vor den Parlamentswahlen sieht sich Atatürk die Liste der Kandidaten für das Abgeordnetenhaus an. Ein Witzbold hat auch den Namen von Dr. M. Osman Uzman in die Liste eingeschmuggelt. Atatürk sieht diesen Namen und ruft aus: ›Was, kandidiert dieser verrückte Irrenarzt auch?‹ Dr. M. Osman Uzman, dem dieser Ausruf Atatürks übermittelt wird, lächelt und sagt: ›Wenn er mir sagt, ich sei verrückt, so ist es nicht wichtig. Wenn ich aber sage, er sei verrückt, dann ist es um ihn geschehen.‹

Erstens nicht alle Krebskrankheiten verlaufen tödlich. Bei vielen Krebsarten ist die Frühdiagnose lebensrettend.

Zweitens, die Verheimlichung der Diagnose hat nur aufschiebende Wirkung. Denn der Patient erfährt es ja früher oder später am eigenen Leibe, dass er sterben muss. Es ist auch nicht wahr, dass der Patient, dem die Diagnose eröffnet wird, am nächsten Tag den Freitod wählt. Im Gegenteil: Viele Ärzte machen mit einer ernsthaft geführten Aufklärungsarbeit nur gute Erfahrungen.

Drittens, die Tagung des Verbandes der schweizerischen Arztgehilfinnen in Davos am 5.10.1980, die unter dem Motto ›Zwischen Wahrheit und Lüge‹ stand, hat es gezeigt: Fast alle Beteiligten dieser Tagung, Krebspatienten, Ärzte, Forscher und Arztgehilfinnen waren der Meinung, dass es nicht darum gehen könne, *ob* man dem Patienten die Diagnose mitteilen soll, sondern darum, *wie* man dem Patienten diese Tatsache zur Kenntnis bringen soll.

Daher kann man an der Redlichkeit eines Arztes zweifeln, wenn er in einer Diskussion über die Aufklärungspflicht den Krebspatienten vorschiebt, um einer sachlichen Auseinandersetzung den Boden zu entziehen. Im übrigen lässt sich diese ›rührende‹ Überfürsorge für den Krebspatienten durch nichts rechtfertigen. Man muss zwischen dem Mitgefühl für die Situation des Patienten und einer sachlichen, verständnisvollen Aufklärungspflicht klare Grenzen ziehen. Man kann sogar so weit gehen und sich fragen, warum man einem Krebskranken übelnimmt oder gar das Recht abspricht, auf eine, von ihm selbst gewählte, schmerzlose Art zu sterben.

Fall X.

Aus dem Bundesgerichtsurteil:

›Am 4. November 1973, einem Sonntag, empfand X. (42) heftige Leibschmerzen. Da er seinen Hausarzt nicht erreichen konnte, liess er den diensttuenden Notfallarzt, Dr. Y., kommen. Dieser   *Zitat* stellte die Diagnose auf akute Blinddarmentzündung, die sofort operiert werden müsse, womit X. und der inzwischen verständigte Hausarzt einverstanden waren. Im Laufe des am gleichen Nachmittag vorgenommenen Eingriffs stellte Dr. Y. fest, dass keine Blinddarmentzündung vorliege, jedoch in der Gegend des Blinddarms ein Tumor vorhanden sei; er beendigte den Eingriff, ohne den Wurmfortsatz zu entfernen. Am folgenden Tag gab er der Ehefrau des X. und dem Hausarzt von seinen Feststellungen Kenntnis und erklärte, bei dem Tumor handle es sich wahrscheinlich um Krebs, weshalb eine weitere Operation zur Entfernung des Tumors notwendig sei. Dies teilte er auch dem Patienten mit, jedoch ohne den Verdacht auf Krebs zu erwähnen. Nachdem am 5. und 6. November 1973 weitere Untersuchungen durchgeführt worden waren (Röntgenaufnahmen des Darms usw.), nahm Dr. Y. am 7. November die von ihm als nötig erachtete Darmresektion vor. Die Untersuchung der entfernten Gewebeteile durch das Pathologische Institut der Universität... ergab, dass der Verdacht auf Krebs unbegründet sei. – X. behauptet, seit der Operation an verschiedenen Beschwerden (übermässige Ermüdbarkeit, Verdauungsstörungen) zu leiden, durch die er in seiner Berufstätigkeit als Fernsehmitarbeiter stark behindert sei. Er belangte 1977 den Arzt auf Schadenersatz und Genugtuung.‹

Das Bundesgericht wies die Klage ab mit folgender Begründung:

›... Auf dem Gebiete der Chirurgie ist ganz besondere Zurückhaltung geboten. Die Chirurgie setzt notwendigerweise eine gewisse Kühnheit, eine gewisse Inkaufnahme von Risiken voraus. Wollte man einen Chirurgen schon deshalb verurteilen, weil er sich zur Operation entschlossen hat, obwohl der Eingriff vielleicht nicht unerlässlich gewesen wäre, oder weil ihm ein operationstechnischer Fehler unterlaufen ist, so könnte dies zur Folge haben, dass die Chirurgen sich in zweifelhaften Fällen von der Operation abhalten liessen, selbst wenn dies für den Patienten verhängnisvolle Folgen haben könnte. Dem Chirurgen muss eine weitgehende Ermessensfreiheit eingeräumt werden beim Entscheid über die Angebrachtheit einer Operation wie auch hinsichtlich der Wahl der Operationstechnik. Er ist jedoch verpflichtet, bei der Vornahme der Operation alle durch die Operationstechnik und die besonderen Umstände des Falles gebotenen Vorsichtsmassnahmen zu treffen, um die Gefahren der Operation nach Möglichkeit zu vermindern. Man darf von ihm ein ganz besonderes Mass an Sorgfalt verlangen, weil die Folgen einer Nachlässigkeit äusserst schwerwiegend sein können. Er muss sich ausserdem über die Fortschritte auf seinem Spezialgebiet auf dem laufenden halten.‹ **Zitat Ende**

Dann kommt das Bundesgericht auf die ärztliche Aufklärungspflicht zu sprechen:

›... Diese vom Beklagten dem Vorwurf des Klägers entgegengehaltene ärztliche Beurteilung wirft die Frage nach den Grenzen der dem Arzt obliegenden Aufklärungspflicht auf. Das Bundesgericht hat sich bisher zu dieser Frage noch nie auszusprechen gehabt. Es hat sie, jedoch unter einem anderen Gesichtspunkt, gestreift in BGE 66 II 36 = Pr 29 Nr. 26, wo es eine Aufklärungspflicht verneint hat mit der Begründung, der Patient hätte auf die Vornahme des Eingriffs (Beseitigung von Warzen durch Diathermokoagulation) selbst dann nicht verzichtet, wenn der Arzt ihn über die normalerweise geringfügige Gefahr aufgeklärt hätte, die er dabei laufe. Die schweizerische Lehre bejaht grundsätzlich die Pflicht des Arztes, den Patienten über seinen Zustand aufzuklären, namentlich über die Art seiner Krankheit, die voraussichtlichen Folgen der vorgeschlagenen Behandlung und die therapeutische Bedeutung ihres Unterbleibens. Die Aufklärung des Kranken über die Risiken einer Behandlung, insbesondere eines chirurgischen Eingriffs, ist Gültigkeitserfordernis für die Zustimmung zur Behandlung; diese Zustimmung, die in der Regel Voraussetzung für den Eingriff des Arztes ist, muss im Bewusstsein ihrer Tragweite erfolgen. Die Pflicht des Arztes zur Aufklärung geht jedoch nicht so weit, dass letztere geeignet wäre, den Kranken zu beunruhigen und sich infolgedessen auf **Zitat** seinen physischen oder psychischen Zustand nachteilig auszuwirken oder den Erfolg der Behandlung zu beeinträchtigen.

... Die dem Kranken erteilte Aufklärung darf jedoch bei ihm keinen für die Gesundheit schädlichen Angstzustand auslösen. Die Prognose einer schwerwiegenden oder gar zum Tode führenden Entwicklung – wie sie früher bei der Diagnose einer Tuberkulose zutraf oder wie sie heute noch häufig mit jener eines Krebses verbunden ist – darf dem Patienten verschwiegen werden, muss aber in der Regel seinen Angehörigen bekanntgegeben werden. Es ist letzten Endes Sache des Arztes, die Risiken einer vollständigen Aufklärung abzuwägen und diese gegebenenfalls auf das mit dem physischen und psychischen Zustand des Kranken vereinbare Mass zu beschränken.

Die Aufklärungspflicht fällt ausserdem dahin, wenn sich aus den Umständen des Falles ergibt, dass der Patient bereits orientiert worden ist oder als orientiert betrachtet werden darf (z. B. wenn er selber Arzt ist). Gleich verhält es sich, wenn er bei der Erteilung der Zustimmung zu der vorgeschlagenen Behandlung ausdrücklich oder durch sein unmissverständliches Verhalten auf einlässlichere Aufklärung verzichtet hat.

Im vorliegenden Fall hat der Kläger, als ihm eröffnet wurde, dass ein weiterer Eingriff zwecks Entfernung des am 4. November 1973 festgestellten Tumors nötig sei, weder über den Charakter dieses Tumors noch über das Ausmass der beabsichtigten Darmresektion irgendwelche Erläuterungen verlangt. Andererseits hat der Beklagte seine Diagnose dem Hausarzt und der Ehefrau des Klägers bekanntgegeben, und diese beiden Personen, die den Kranken und dessen voraussichtliche Reaktion weit besser kannten als er, haben ihm abgeraten, seine Diagnose dem Kläger zu enthüllen. Bei dieser Sachlage war der Beklagte nicht verpflichtet, sich über die erhaltenen Ratschläge hinwegzusetzen und dem Kläger Aufschlüsse zu erteilen, die er selber nicht verlangt hatte, obwohl er über das Bestehen eines Tumors und die Notwendigkeit einer Resektion gebührend informiert worden war.‹

Zitat Ende

(BGE 105 II 284 ff. = Pra. 1980 S. 362 ff.)

Anmerkungen

Nach diesem Urteil besteht kein Zweifel darüber, dass der Arzt verpflichtet ist, den Patienten in einer einfachen, verständlichen Sprache und wahrheitsgetreu über
- Diagnose
- Therapie
- Prognose

aufzuklären, sofern diese Aufklärung keinen für die Gesundheit des Patienten schädlichen Angstzustand auslöst.

Diese wichtigen Aussagen des Bundesgerichtes müssen allerdings präzisiert werden:

1. Das Bundesgericht schränkt die Aufklärungspflicht des Arztes bei der *Diagnose* ein, wenn sich deren Mitteilung auf den psychischen oder physischen Gesundheitszustand des Patienten nachteilig auswirken würde. Am Anfang dieses Kapitels wurde bereits festgehalten, dass dieser Grundsatz unhaltbar ist. (Eine ähnliche Situation ist übrigens bei vielen ›Gesunden‹ gegenüber Schwerbehinderten zu beobachten; der Gesunde gerät in echte Verhaltensschwierigkeiten und versucht seine Unsicherheit und Schuldgefühle mit einem überbetonten Mitleid zu kompensieren. Das ist aber gerade das Gegenteil dessen, was der Schwerbehinderte von den Gesunden erwartet.)

Diese Einschränkung der Aufklärungspflicht ist auch deshalb unbrauchbar, weil sie neue, unlösbare Probleme aufwirft. Denn wer entscheidet darüber, ob die Mitteilung der Diagnose dem Patienten physisch und psychisch schaden würde, wenn ja, was für einen Schaden? Will man da nicht, um seine eigene Angst vor dem Tode zu verdrängen, eine vermeintliche Fürsorge konstruieren und die Selbstmordgefahr an die Wand malen, ohne sie beim Namen zu nennen?

In beiden Fällen[1] gewinnt man die Überzeugung, dass die den Patienten zum Verhängnis gewordenen Operationen unterblieben wären, wenn sie von ihren Ärzten über die Diagnose aufge-

---
1 Fall S. Seite 22 ff., Fall X. Seite 61 ff.

klärt worden wären. Denn schon aus Selbsterhaltungstrieb hätten beide Patienten mit an Sicherheit grenzender Wahrscheinlichkeit ihre Ärzte gefragt, ob sie bezüglich der Diagnose tatsächlich sicher seien. Das hätte dann die Ärzte gezwungen, die zur Sicherstellung der Diagnose notwendiggen Untersuchungen durchzuführen. Beide Patienten hatten keinen Krebs! Fatalerweise war in beiden Fällen die Diagnose nicht sicher gestellt worden.

2. Die Bestimmung des *Umfangs* der Aufklärungspflicht bei der *Therapie* ist, wie bereits ausgeführt, umstritten und schwierig. Aus der bisherigen Diskussion lassen sich folgende Grundsätze ableiten:

– Die Aufklärungspflicht über die Therapiemöglichkeiten und deren Risiken besteht nicht, wenn der Patient ausdrücklich oder durch sein unmissverständliches Verhalten darauf verzichtet. Dieser ›durch unmissverständliches Verhalten‹ geäusserte Verzicht darf nicht leichthin angenommen werden. Der Arzt wird gut daran tun, den Patienten ausdrücklich auf dieses Recht aufmerksam zu machen. Wenn der vorgesehene Eingriff ein zu hohes Risiko darstellt, darf der Verzicht auch dann nicht angenommen werden, wenn der Patient sagt: ›Machen Sie, was Sie für richtig halten. Ich verstehe ja sowieso nichts von alledem.‹ Sodann empfiehlt es sich für den Arzt, den Inhalt dieses Gespräches in die Krankengeschichte einzutragen. Er trägt nämlich die Beweislast dafür, dass der Patient auf sein Aufklärungsrecht verzichtet hat. Will er noch sicherer gehen, so lässt er sich dies vom Patienten schriftlich bestätigen. Es ist aber nicht zulässig, mit vorgedruckten Formularen einen angeblichen Verzicht des Patienten zu konstruieren. Eine solche schriftliche Bestätigung muss konkret sein, d. h. auf die spezifischen Prbleme des Patienten direkt Bezug nehmen.

– Die Aufklärung muss in einer dem Patienten verständlichen Art und Sprache erfolgen. Der Arzt muss sich vergewissern, dass der Patient alles, was er ihm erzählt hat, auch richtig verstanden hat. Optisch vereinfachte Darstellungen sind da ein willkommenes pädagogisches Mittel. Diese Aufzeichnungen dürfen nicht weggeschmissen werden, sie gehören in die Krankengeschichte des Patienten. Mit Datum versehen, kann eine solche Aufzeichnung den Arzt aus einer Beweisklemme herauslotsen.

– Der Arzt muss den Patienten über alle nach dem gegenwärtigen Erkenntnisstand der medizinischen Wissenschaft zur Verfügung stehenden Therapiemöglichkeiten aufklären. Dazu gehören freilich auch die jeweiligen Risiken der zur Diskussion stehenden Therapien.

– Welche Risiken dem Patienten bekanntgegeben werden müssen und welche verschwiegen werden dürfen, bildet den Schwerpunkt der ganzen Aufklärungsdiskussion. Hier gelten zwei Grundsätze:

Je unnötiger der Eingriff ist, z. B. reine Schönheitsoperationen, um so ausführlicher muss der Patient über die Risiken, auch jene, mit denen man nicht unbedingt rechnet, aufgeklärt werden. Ist der Eingriff aber notwendig oder gar lebensnotwendig, so hat der Arzt in einem sachlichen Gespräch, wofür er sich Zeit nehmen muss, dem Patienten die Vor- und Nachteile des vorgesehenen Eingriffes zu erläutern.

Auch in diesem Fall müssen seltene Komplikationen dem Patienten mitgeteilt werden, wenn deren Folgen erheblich sind und in gewissem Sinne eine Kosten-Nutzen-Analyse rechtfertigen, dann nämlich, wenn durch die vorgesehene Therapie unter Umständen mehr Schaden angerichtet werden könnte, als man retten will. Dabei darf der Arzt nicht suggestiv vorgehen oder dem Patienten Angst einjagen. Er muss in einer sachlichen Atmosphäre versuchen, das Vertrauen des Patienten zu gewinnen.

Aus dem Gesagten geht auch hervor, dass der Arzt den Patienten über allfällige Folgen der Unterlassung einer Therapie aufzuklären hat. Dabei muss er auch über die Meinungsdifferenz unter den Medizinern berichten, wenn sie gewichtig sind. Man denke etwa an die Diskussion über die Vorsorgeuntersuchung auf Prostatakrebs.

– Der Arzt muss mit dem Patienten zusammen die optimale Therapie heraussuchen, so wie er es von seinem Anlageberater bei der Vermögensverwaltung erwartet, um ein profanes Beispiel zu erwähnen. Die Devise heisst aber nicht Gewinnoptimierung bei niedrigem oder niedrigstem Risiko, sondern Therapieoptimierung mit möglichst Nullrisiko.

Die ohne eine solche Aufklärung durchgeführte Therapie stellt rechtlich Körperverletzung und Verletzung der Persönlichkeitsrechte des Patienten dar.

Erst wenn das Aufklärungsgespräch beendet und der Patient zur Durchführung der vorgesehenen Therapie seine Zustimmung gegeben hat, darf der Arzt handeln.

3. Die Aufklärungspflicht über die *Prognose* ist keine echte, rechtlich sanktionierbare Pflicht, deren Verletzung irgendwelche rechtliche Konsequenzen nach sich zöge. Im übrigen ist der Arzt nirgends unsicherer als bei der Prognose. Es darf von ihm in der Regel nicht erwartet werden, dass er sich auf eine feste Prognose einlässt. Der erfahrene Arzt wird seine Prognose angemessen relativieren, um erstens bei seinem Patienten keine falschen Hoffnungen zu wecken und des weiteren, um ihn nicht in eine Depression zu versetzen.

Die Schönheitschirurgen sind von dieser Richtlinie *ausgenommen*. Für ihre Patienten ist die Prognose von Anfang an ausserordentlich wichtig. Ohne eine gewisse Zusicherung des Erfolgs, also einer optimistischen Prognose, lässt sich der Patient nicht operieren. Man kann sich daher fragen, gleich wie bei gewissen zahnärztlichen Arbeiten, ob die Tätigkeit des Schönheitschirurgen bei medizinisch unnötigen Operationen, wie z.B. Lifting, rechtlich dem Werkvertrag mit Erfolgshaftung zu unterstellen ist.

Die Missachtung dieser Grundsätze kann für den Arzt zum Verhängnis werden, indem er zivil- und strafrechtlich zur Verantwortung gezogen werden kann.

Fall H.-L. B.

Dieser Fall ist dem ›Tages-Anzeiger‹ Zürich entnommen:

Zitat ›Frau Hélène-Laure B. hatte im Januar 1971 einen Lausanner Arzt aufgesucht, da sie eine gefährliche Erkrankung der Brüste befürchtete. Eine Untersuchung am Bildschirm zeigte einige

Verhärtungen (ohne akut bösartigen Charakter). Da Frau B. ihre Brüste als zu gross empfand, empfahl ihr der Arzt eine Korrektur durch den Schönheitschirurgen M. Dieser Arzt operierte Frau B. am 23. März 1971, ging jedoch weit über die vereinbarte Brustkorrektion hinaus: Er entfernte das gesamte Gewebe und füllte die leeren Hautsäcke mit Prothesen.

Bald nach der Operation kam es zu Komplikationen. Die Brusthaut begann abzusterben. Dr. M. musste die Prothesen entfernen und versuchte es später mit einer Gewebeverpflanzung. Die Patientin musste dreimal von anderen Ärzten operiert werden, ein weiterer Eingriff steht ihr bevor. Ihr Verteidiger erklärte vor der I. Zivilabteilung des Bundesgerichts: ‚Frau B. leidet seit 10 Jahren, und sie wird leiden bis ans Ende ihrer Tage; sie hat alle Freude am Leben verloren.'

Frau B. wandte sich zunächst an das Waadtländer Kantonsgericht, das ihr eine Genugtuungssumme von Fr. 10000.– zusprach, und rekurrierte nun beim Bundesgericht, das die Verantwortlichkeit des Operationsarztes härter einstufte. Der Rechtsvertreter des Arztes betonte, seinem Klienten gehe es weniger um die Finanzen als um die Berufsehre. Er habe eine Versicherung mit Höchstprämien für Schönheitschirurgen abgeschlossen, sein Fach sei ‚Forderungen von seiten der Kundschaft besonders ausgesetzt'. Zwar sei man in der Schweiz noch weit entfernt von Zuständen wie in den USA, wo die Versicherungsprämien so hoch seien, dass viele Ärzte auf die Berufsausübung verzichteten. Doch mit einer hohen Strafe würde nicht nur Dr. M. bestraft, sondern die gesamte Ärzteschaft, die künftig höhere Prämien bezahlen müsse, und damit komme man ‚amerikanischen Zuständen' einen Schritt näher.

Der bundesgerichtliche Referent betonte, dass Dr. M. zwar keinen Kunstfehler begangen, aber die Pflicht zur Aufklärung der Patientin verletzt habe: Diese Unterlassung ziehe die Haftung des Arztes für die misslungene Operation nach sich. Andere Richter fanden ‚es reichlich unverständlich', dass Dr. M. ‚eine ganz andere Operation als ursprünglich vorgesehen' vorgenommen und dadurch für Frau B. ‚eine schwere Beeinträchti-

Zitat Ende gung physischer und psychischer Art' verursacht hatte!‹ (›Tages-Anzeiger‹, Zürich, 13. 1. 1982).

Der Arzt wurde vom Bundesgericht[1] verpflichtet, der Klägerin Fr. 100000.– inkl. Zins zu bezahlen.

Anmerkungen

Dieses Urteil ist in zwei Punkten bahnbrechend: Erstens hat das Bundesgericht zum ersten Mal einen Arzt wegen Verletzung der Aufklärungspflicht zu Schadenersatz verpflichtet, was man aufgrund seiner bisherigen zurückhaltenden Rechtsprechung kaum erwartete. Zweitens betrachtet das Bundesgericht die Verletzung der Aufklärungspflicht nicht als Kunstfehler, sondern als gewöhnliche Pflichtverletzung. Damit wird der Geltungsbereich des Kunstfehlerbegriffes weiter eingeschränkt. Weiterhin ist zu hoffen, dass dieser Begriff eines Tages aus der Juristensprache verschwindet.

---

1 BGE 108 II 59 ff.

Selbstbestimmungsrecht des Patienten

Die körperliche Unversehrtheit einer Person stellt das höchste Rechtsgut dar. Die vornehmste Aufgabe der Rechtsordnung ist es, diese Unversehrtheit, dieses absolute Recht, ohne Kompromiss zu schützen. Von diesem Grundsatz gibt es keine Ausnahmen. Die ärztliche Tätigkeit stellt in der Regel einen Eingriff in die körperliche Unversehrtheit des Patienten und damit – strafrechtlich ausgedrückt – eine Körperverletzung dar. Dass der ärztliche Eingriff in den Körper des Patienten gewöhnlich nicht strafbar ist, erklärt sich daraus, dass der Patient diesem Eingriff im voraus zustimmt und der Eingriff ausserdem zum Wesen des ärztlichen Berufes gehört, ohne den eine Besserung des Gesundheitszustandes nicht zu erreichen ist.

Fall G.

Frau G. wollte 1978, damals 64jährig, durch einen Frauenarzt abklären lassen, ob sie Brustkrebs habe. Sie wies den Arzt ausdrücklich darauf hin, dass sie keine Operation wünsche, auch wenn sich der Krebsverdacht bestätigen sollte.

Nach einer ersten Untersuchung verhärtete sich der Verdacht auf Mammakrebs, so dass der Arzt die Patientin ins Spital einwies. Gegenüber der Patientin begründete er diesen Schritt damit, dass er ›weitere Abklärungen‹ vornehmen lassen möchte. Tatsächlich schrieb er aber dem Spital, dass sie operiert werden sollte, wenn nach weiteren diagnostischen Untersuchungen an der Diagnose nicht mehr zu zweifeln sei.

Im Spital wurde der Verdacht zur Sicherheit und man begann, gemäss Anweisung des zuweisenden Gynäkologen, die Operation vorzubereiten. Erst buchstäblich in letzter Stunde merkte die Patientin, was gespielt wurde. Sie verhinderte unter dramatischen Vorgängen, trotz Widerstand des Pflegepersonals und dank der Einsicht des Chefarztes, die Operation und verliess fluchtartig das Spital.

Sie weigerte sich – zu Recht –, die Honorarrechnung des Gynäkologen von Fr. 300.– zu bezahlen. Durch einen Rechtsanwalt liess sie unter Aufführung der Gründe dem Arzt ihren Entschluss mitteilen. Die folgenden Auszüge aus dem Briefwechsel zwischen dem Arzt und dem Rechtsanwalt der Patientin und dem später beigezogenen Rechtsanwalt des Arztes mögen den kritischen Leser zum Nachdenken anregen.

Brief des Arztes an den Rechtsanwalt der Patientin:

Zitat ›Sehr geehrter Herr Dr. ...

Ich habe Ihren Brief erhalten. Aus Ihnen wahrscheinlich begreiflichen Gründen muss ich auf meiner Forderung beharren. Lassen Sie den Tanz beginnen, hoffentlich bringt er wenigstens Ihnen etwas ein.

Zitat Ende Mit freundlichen Grüssen.‹

Nach einem weiteren Schriftenwechsel beauftragte der Arzt ebenfalls einen Rechtsanwalt, der Klage androhte. Der Rechtsanwalt der Patientin schrieb an seinen Kollegen u. a.:

Zitat ›Nachdem Frau G. an der Bestreitung der Forderung festhält, kann ich lediglich Ihren Klienten zitieren: Lassen Sie den Tanz beginnen, hoffentlich bringt er wenigstens Ihnen etwas ein.

Zitat Ende Mit kollegialen Grüssen.‹

Der ›Tanz‹ wurde tatsächlich mit Betreibung und friedensrichterlicher Verhandlung eröffnet und vom Arzt mittendrin, als er tragisch-komisch zu werden drohte, abgebrochen.

Anmerkungen

Die Haltung des Arztes in der Honorarfrage spricht für sich. Sie bedarf keines Kommentars.

Wichtig ist, das muss hier mit Nachdruck betont werden, dass der Patient selbst bestimmt, was mit seinem Körper geschieht.

Es ist *seine* Krankheit; über sie kann er ethisch und rechtlich freier verfügen als über sein Eigentum. Diese Verfügungsfreiheit findet ihre Grenzen nur dort, wo sie andere gefährdet oder gefährden könnte[1].

Das Selbstbestimmungsrecht des Patienten darf auch mit wohlgemeinter Überfürsorge mancher Ärzte nicht relativiert werden. Sonst besteht die Gefahr, dass die Ärzte damit die bisherige Bevormundung des Patienten für alle Ewigkeit festschreiben. Zwischen dem Patienten und dem Arzt herrscht kein patriarchalisches Verhältnis, wo der Arzt bestimmt, was im Interesse des Patienten liegt.

Der Patient entscheidet selbst, was mit ihm und seinem Körper geschieht. Die Rolle des Arztes in diesem Entscheidungsprozess beschränkt sich auf die Beratung und allenfalls Empfehlungen, die er dem Patienten aufgrund seines Fachwissens und seiner Rechtsstellung schuldet.

Manche Ärzte werden dieses Erwachen des Selbstbewusstseins des Patienten mit etwelcher Erbitterung zur Kenntnis nehmen oder bedauern, weil sie darin eine Einschränkung ihres humanistischen Auftrages erblicken[2].

---

1 Man denke etwa an die ansteckenden Krankheiten, die durch die Epidemiegesetzgebung aus dem Verfügungsbereich des Patienten herausgenommen worden sind. Der Grund dafür ist einleuchtend; durch eine ansteckende Krankheit kann die Gesundheit der anderen Menschen aufs Spiel gesetzt werden. Dass in diesen Fällen das Selbstbestimmungsrecht des Patienten sehr stark eingeschränkt wird, ist selbstverständlich.

2 Die Rechtswissenschaft hat sich bis heute zu wenig mit dem Selbstbestimmungsrecht des Patienten befasst. Es ist anzunehmen, dass in Zukunft dieser Frage vermehrt Beachtung geschenkt wird.

Falsche bzw. unsorgfältige Durchführung der Therapie

Im Vergleich zu allen bisher behandelten Bereichen des ärztlichen Wirkens ist die ›falsche Behandlung‹ in der Rechtsprechung und im öffentlichen Bewusstsein das weitaus aktuellste Thema. Als erstes denkt man an die im Bauch des Patienten vergessenen Operationsbestecke oder an das Herausschneiden eines falschen Organes usw. Ein Versuch, die unsorgfältige Durchführung der Therapie systematisch zu erfassen, sei einer wissenschaftlichen Abhandlung vorbehalten. Die Auswertung der bisherigen Erfahrungen erlaubt dennoch folgende Einteilung:
– Operation von falschen Organen;
– Anwendung überholter Operationsmethoden;
– operationstechnische Fehler bzw. ›Kunstfehler‹ im eigentlichen Sinne;
– vergessene Operationsbestecke;
– andere therapeutische Fehler.

Diese Einteilung erhebt, wie bereits angedeutet, keinen Anspruch auf systematische und wissenschaftliche Vollständigkeit. Anhand von einigen Beispielen soll aufgezeigt werden, wie diese Fehler passieren und welche Folgen sie für den Patienten zeitigen.

Operation von falschen Organen
Fall N. I.

Die 47jährige Patientin, Frau N. I., hatte seit 1973 Kreuzschmerzen. Chiropraktische Manipulationen und physikalische Therapie brachten keine eigentliche Besserung. Die genauere Untersuchung ergab auf der Höhe der 4. lumbalen Bandscheibe eine Diskushernie mit deutlicher Wurzelkompression. Man entschloss sich zur Operation, zur sogenannten Hemilaminektomie L4/L5, d. h. Entfernung der Diskushernie und Ausräumung der 4. Lendenbandscheibe. Nach der Operation spürte die Patientin eine Lähmung des linken Fusses, die sie auf die Operation zurückführte. Sie vermutete einen ›Kunstfehler‹.

Nicht nur die Fusslähmung, sondern die gleichen Rückenschmerzen wie zuvor machten der Patientin weiterhin Mühe. Da sie ihrem Arzt nicht mehr vertraute, begab sie sich zum berühmten ›Brunnenvergifter‹ unter den deutschen Ärzten, zu Prof. Hackethal in Hamburg. Nach einer ersten Untersuchung und Kontrolle der Röntgenbilder schrieb er kurz und bündig:

›Bei der Operation am 9.3.1978 wurde ohne Zweifel die falsche Bandscheibe revidiert und ausgeräumt.‹

Die Patientin hatte Angst, dieses Ergebnis ihrem Chirurgen mitzuteilen. Indessen beharrte sie darauf, dass er seine Haftpflichtversicherung verständigen müsse, weil ein ›Kunstfehler‹ vorliege. Der Arzt versuchte zunächst, die Patientin vom Gegenteil zu überzeugen. Als er aber sah, dass die Patientin nicht nachgab, schrieb er ihr:

›Sie wissen wahrscheinlich meine Meinung. Ich habe Ihnen ja damals erläutert, dass da medizinisch gesehen sicher kein Kunstfehler passierte, weil diese Fusslähmungen bei Diskushernieoperationen immer wieder vorkommen. Nun aber sehen Sie, dass ich Ihrem Wunsch entsprochen habe und den Fall wie oben erwähnt der Versicherung im Spital gemeldet habe.‹

Nach der Einschaltung der Haftpflichtversicherung vereinbarten die Parteien, einen angesehenen Zürcher Radiologen mit der Erstellung eines Gutachtens zu beauftragen. Dieser sah sich die Krankengeschichte und die Röntgenbilder an und schrieb in seinem Gutachten unter anderem:

> ›Es ist nach dem 21.11.1977 und vor dem 26.6.1978 (wohl am 9.3.1978) die *falsche lumbale* Bandscheibe operativ angegangen und wohl auch ausgeräumt worden ... Wie es zur Verwechslung der Bandscheibenhöhen gekommen ist, muss sich der Unterzeichnete nicht äussern. Aus der Sicht des Radiologen gesehen, wäre aber die Verwechslung vermeidbar gewesen.‹

Die Haftpflichtversicherung des Chirurgen hat die Kosten der inzwischen erfolgten zweiten Korrekturoperation bei Herrn Prof. Hackethal vollumfänglich übernommen und den Lohnausfall der Patientin während dreier Jahre bezahlt. Ausserdem mussten die Kosten der Haushaltshilfe ersetzt und der Patientin eine angemessene Genugtuung ausgerichtet werden.

Anmerkungen

Das Bundesgericht hat in einem Urteil von 1944 ausgeführt:

> ›Der Chirurg ist verpflichtet, das Organ, das er zu entfernen beabsichtigt, genau zu identifizieren. Operiert er versehentlich ein anderes Organ, so ist zu vermuten, dass er nicht die erforderliche Sorgfalt beobachtet habe. Er trägt daher die Beweislast dafür, dass ihm sein Versehen mit Rücksicht auf die besonderen Umstände des Falles nicht zum Verschulden angerechnet werden könne‹ (BGE 70 II 207ff.).

Deutlicher kann man die Pflichten des Chirurgen nicht beschreiben. Was die Chirurgen am meisten fürchten, ist die Verwechslung bei paarigen Organen zwischen rechts und links. Wenn ein Patient, aus welchen Gründen auch immer, in Bauchlage operiert werden muss, ist die Verwechslungsgefahr am grössten, weil durch die Umkehrung des Körpers rechts und links von der Optik der Chirurgen aus gesehen die Seiten wechseln.

Überholte Operationsmethoden

Aus dem Brief eines Chefarztes an den Vertrauensarzt einer Krankenkasse:

Zitat ›Ihrem Auftrag entsprechend habe ich den Patienten am 23.2.1979 ambulant in meiner Sprechstunde untersuchen können. Er wurde im August und Oktober 1978 wegen Hämorrhoiden operiert. Er beklagte sich nach den Operationen über sehr starke Schmerzen beim Stuhlgang und Blutabgang. Er sei dann bei einem Vertrauensarzt gewesen, der ihn nicht untersucht, aber arbeitsfähig erklärt habe. Deshalb suchte er einen anderen Arzt auf, der seit November 1978 jede Woche geätzt habe. Vor einiger Zeit musste er auf Veranlassung der Krankenkasse zu Dr. M., der eine Operation durch mich empfiehlt.

Der Patient gibt an, dass er noch bei jeder Defäkation blute, er habe etwa zweimal täglich Stuhlgang, nie Durchfall. Seit der Ätzbehandlung sei der Zustand allmählich besser geworden, aber er habe wegen der langen Arbeitsunfähigkeit seine Stelle verloren.

Der 38jährige, kräftige Mann gibt vernünftig Auskunft. Das Abdomen ist nicht druckempfindlich, man palpiert keine Resistenz, der Anus ist blutig-schleimig verschmiert, die Haut etwas ekzematös verändert, beim Pressen tritt keine Schleimhaut aus. Am gespreizten Anus sieht man vorne einen grossen Schleimhautdefekt, in dessen Grund rosarotes, z.T. schmieriges Granulationsgewebe liegt. Dieses ist ausserordentlich druckempfindlich. In der übrigen Circumferenz des Anus fehlt die Analhaut, die Rectumschleimhaut geht direkt in die äussere Haut über. Der Patient ist anscheinend nach Whitehead operiert worden und hat jetzt ein partielles Ektropium und einen grossen Schleimhautdefekt. Digital tastet man einen guten Sphinctertonus, die zirkulare Whiteheadnarb ist sehr straff ohne jede Elastizität, sie bildet eine funktionelle Stenose im Analkanal. Nach einem Reinigungseinlauf habe ich den Patienten rectoskopiert und proctoskopiert. Die Rectumschleimhaut ist reizlos, bis auf eine Höhe von 30 cm findet man keine Anhaltspunkte für Tumor oder Entzündung. Im Analkanal sieht man die blutende Granulationsfläche vorne, hinten bds. noch 2 blaurot durchschimmernde Resthämorrhoidalknoten, die dann den abrupten Übergang von der Mastdarmschleimhaut in die äussere Haut bilden. Die Untersuchung ist schmerzhaft, der Analkanal sehr eng.

Der Patient wurde wegen seiner Hämorrhoiden leider nach der Methode von Whitehead operiert und weist jetzt ein partielles Ektropium, eine Analstenose und ein grosses Analulcus auf. Er benötigt eine Korrekturoperation, die technisch nicht einfach ist. Man muss die äussere Haut zipfelförmig mobilisieren und in den Anus einschlagen, um das Ulcus und das Ektropium zu eliminieren. Ich rechne mit einem Spitalaufenthalt von 10 bis 14 Tagen, anschliessend noch 2 oder 3 ambulante Kontrollen und Arbeitsunfähigkeit, total 4 bis 6 Wochen ab Operation.‹   **Zitat Ende**

Daraufhin wurde von diesem Chefarzt die von ihm selbst vorgeschlagene Operation durchgeführt. Der Zustand des Patienten hat sich etwas gebessert. Doch die Folgen blieben derart gravierend, dass der Patient sich entschloss, einen Rechtsanwalt zu beauftragen. Auf die Intervention dieses Anwaltes hin erkundigte sich die Haftpflichtversicherung des ersten Chirurgen beim gleichen Chefarzt, ob nach seiner Auffassung ein Kunstfehler begangen wurde. Dieser schrieb an die Versicherungsgesellschaft:

›In Beantwortung Ihrer Anfrage vom 5. Juni 1980 sende ich Ihnen   **Zitat**
die Fotokopie meines Berichtes an den Vertrauensarzt der Krankenkasse. Sie ersehen daraus, dass mein Eingriff in direktem Zusammenhang mit der vorgängig ausgeführten Operation durch Dr. M. steht.

Die Hämorrhoidenoperation nach Whitehead steht noch in vielen Operationslehrbüchern und wird leider immer noch aus-

geführt, obwohl dabei durch die zirkuläre Entfernung der Analschleimhaut die für die Kontinenz und Defäkation so wichtige Sensibilität dieser Region schwer gestört wird. Auch ist es bekannt, dass als Folgezustände oft Stenosen oder nässendes Ektropium zurückbleiben. In Fachkreisen wird deshalb seit mehr als 20 Jahren von dieser Behandlungsmethode abgeraten. ...
Trotzdem glaube ich nicht, dass man diese Behandlung als Kunstfehler bezeichnen darf.

Wenn die Angaben des Patienten stimmen, war aber die Nachbehandlung wenig sorgfältig und für den Patienten schmerzhaft und demütigend. Man hat das Ektropium der Mastdarmschleimhaut als Ulcus behandelt und wiederholt geätzt.

Im übrigen möchte ich Sie bitten, sich für eine allfällige Begutachtung an eine andere Stelle zu wenden, da ich mit Herrn Kollege M. seit der Studienzeit eng befreundet bin.‹

Zitat Ende

Anmerkungen

Man muss es diesem Arzt hoch anrechnen, dass er auf seine enge Freundschaft mit dem ersten Chirurgen hinwies. Doch ein zweites Gutachten dürfte sich erübrigen, weil kein Zweifel an der Haftung des ersten Chirurgen besteht. Denn auch wenn der nicht als Gutachter angesprochene Wissenschaftler einen sogenannten Kunstfehler verneint, liegt eine massive Pflichtverletzung vor, ist doch der Arzt verpflichtet, sich immer fortzubilden. Unterlässt er das und hantiert er immer noch nach den gleichen Methoden wie zu seinen Studienzeiten, obwohl inzwischen davon abgeraten wird, so wird er nicht nur schadenersatzpflichtig, sondern macht sich sogar strafbar.

Die Versicherungsgesellschaft hat unverständlicherweise trotz des klaren Sachverhaltes die Haftung des Chirurgen verneint. Erst auf Prozessandrohung des Rechtsanwaltes des Patienten war sie bereit, zunächst Fr. 10000.– zu bezahlen. Diese Summe dürfte allerdings den Schaden des Patienten nicht decken. Sofern an der Haftung des Arztes kein Zweifel besteht, so ist er bzw. an seiner Stelle seine Berufshaftpflichtversicherung verpflichtet, den durch die misslungene Operation verursachten gegenwärtigen und künftigen Einkommensausfall zu ersetzen und eine angemessene Genugtuung zu bezahlen.

Operationstechnische Fehler oder ›Kunstfehler‹ im eigentlichen Sinne

Fall E.

Die 1906 geborene Patientin, Frau E., liess sich 1975 ein künstliches Hüftgelenk links einsetzen. Die ersten Gehversuche wurden zwei Tage nach der Operation durchgeführt. Beim Aufsitzen hatte sie fürchterliche Schmerzen. Der herbeigerufene Chirurg soll nach der Röntgenkontrolle gesagt haben:

›Es ist mir bei der Operation ein gewaltiger Fehler unterlaufen. Ich bin mit der Knochenfräse ausgerutscht und in den Rücken gekommen. Aber keine Angst, es ist nur eine kleine Wunde.‹

Die Patientin beklagte sich über starke Schmerzen auf der linken Seite ihres Körpers. Sie beschuldigte den Chirurgen, einen Operationsfehler begangen zu haben, der für die Schmerzen verantwortlich sei.

Ein von der Patientin beigezogener Rechtsanwalt gab ein medizinisches Gutachten in Auftrag. Die Gutachter befanden:

›Die Patientin machte nach einer Totalprothesen-Implantation an der rechten Seite einen komplikationslosen, postoperativen Verlauf und war sehr zufrieden mit der Operation.

Auf der linken Seite haben sich postoperativ sehr bald Schmerzen eingestellt. Die Patientin ist überzeugt, dass hier ein ärztlicher Fehler unterlaufen sei.

Ein Teil der Schmerzen, die von der Patientin angegeben werden, sind auf den Status nach Trochanterabriss zurückzuführen. Die Zunahme der zystischen Aufhellung in diesem Bereich mag ein Hinweis dafür sein, dass sich dort noch entzündliche Vorgänge abspielen. Ein Trochantereinriss nach einer Totalprothesenarthroplastik ist recht selten, kann aber durch den sicher etwas erschwerten Zugang zur linken Hüfte bei dieser adipösen Patientin erklärt werden. Die Fraktur hat sich wahrscheinlich *unbemerkt bei der Präparation* des linken Femurschaftes ereignet, wobei das Bein üblicherweise in forcierte Aussenrotation und Adduktionsstellung gebracht werden muss. Die Fraktur wurde mit grösster Wahrscheinlichkeit nicht mit einer Säge gesetzt. Radiologisch handelt es sich um eine klassische Abrissfraktur. Normalerweise heilt eine solche Fraktur unter Entlastung innerhalb von 6 bis 10 Wochen. Sie darf als

Zitat Ende solche nicht als Kunstfehler gelten.‹

Nach weiteren Ausführungen schliessen die Gutachter mit folgenden Sätzen:

Zitat ›Die von der Patientin beklagten Schmerzen sind zum grössten Teil auf die degenerativen Veränderungen an der Wirbelsäule zurückzuführen. Dass der Operateur mit der Säge ausgeglitten sei und die Wirbelsäule verletzt haben soll, ist weder anatomisch

Zitat Ende noch technisch möglich oder denkbar.‹

Anmerkungen

Der Laie wird sich nun fragen: Wäre es ein operationstechnischer Fehler, wenn der Chirurg tatsächlich mit der Säge ausgerutscht wäre? Diese Frage lässt sich nicht so einfach beantworten. Es kommt darauf an, wo, was und unter welchen Umständen der Chirurg operiert. Unter schwierigen Operationsbedingungen kann ein Ausrutschen des Skalpells oder der Säge, wenn damit nicht gerade ein lebenswichtiges Organ getroffen wird, nachgesehen werden. Operiert der Chirurg aber in der Nähe eines lebenswichtigen Organes und ist es vorauszusehen, dass ein operationstechnischer Fehler für den Patienten schwere Konsequenzen haben könnte, so wird es schwerfallen, den Chirurgen zu entschuldigen – es sei denn, es lägen Gründe vor, für die er nicht verantwortlich gemacht werden kann.

Im vorliegenden Fall konnten die Gutachter nicht herausfinden, woher dieser Trochanterabriss herrührte. Es ist merkwürdig, dass der Rechtsanwalt der Patientin dieser Frage nicht nachgegangen ist, betonen doch die Gutachter, dass dieser Abriss wahrscheinlich unbemerkt bei der Präparation des linken Femurschaftes entstanden sein muss.

Fall E.

Die 40jährige Patientin E. hatte an der Halsgegend links zwei Fettgeschwülste, die sie – aus ästhetischen Überlegungen – durch einen Chirurgen entfernen liess. Offenbar ging der Chirurg mit dem Skalpell zu tief in das Gewebe, so dass der sogenannte nervus accessorius verletzt wurde. Die Patientin hatte Schmerzen und konnte ihren linken Arm nicht mehr wie früher einsetzen.

Der Chirurg bemerkte diesen Fehler offenbar zu spät. Die erste neurologische Untersuchung erfolgte drei Monate nach der Operation. Die Neurologen stellten ›Iatrogene Parese des nervus accessorius mit linksseitiger Trapeziuslähmung‹ fest. In dem von der Haftpflichtversicherung des Chirurgen in Auftrag gegebenen Gutachten steht auf die Frage, ob dem Operateur ein Verstoss gegen die Regeln der ärztlichen Wissenschaft vorgeworfen werden kann, folgende Antwort:

›Die Gefahr einer Läsion des nervus accessorius ist bei einer Tumorexstirpation im seitlichen Halsdreieck bei grossen und infiltrativ wachsenden Tumoren stets vorhanden. Auch bei der Exstirpation einer kleinen Geschwulst liegt ein gewisses Läsionsrisiko vor. Bei Operationen in diesem Bereich wird der Operateur stets an den nervus accessorius denken und darauf bedacht sein müssen, ihn zu schonen. Der Operateur muss zudem seinen Patienten vor der Operation auf das Risiko aufmerksam machen. Unterlässt er es, kann ihm dies als Verkennung des Risikos ausgelegt und angelastet werden.

Der Chirurg schreibt in seinem Operationsbericht, dass er den nervus accessorius oder Teile davon zwar gesucht habe, aber sie

Zitat

nicht zu Gesicht kriegen konnte. Offensichtlich ist die Durchtrennung dann infolge ungenügender Übersichtlichkeit im Operationsfeld erfolgt. Wäre die Verletzung erkannt worden, hätte die Zuweisung an einen Mikrochirurgen erfolgen und der Schaden mit sehr grosser Wahrscheinlichkeit behoben werden können. Leider erfolgte auch die Zuweisung der Patientin an die Neurologische Poliklinik relativ spät.

Die nicht erfolgte Aufklärung der Kranken und nicht erkannte Nervverletzung zwingen uns, einen Regelverstoss durch den **Zitat Ende** Chirurgen zu formulieren.‹

Anmerkungen

Aufgrund dieses Gutachtens hat die Haftpflichtversicherung die Haftung des Chirurgen anerkannt und den Schaden der Patientin ersetzt.

Wenn der Chirurg seine Patientin über die Gefahr einer allfälligen Verletzung dieses Nervs aufmerksam gemacht hätte, hätte die Patientin voraussichtlich die Operation nicht durchführen lassen. Denn es war schliesslich eine kosmetische Schönheitsoperation, die nicht lebensnotwendig war. Die Gefahr der Verletzung eines wichtigen Nervs dagegen ist von grösster Bedeutung. In einem solchen Fall darf man an die Aufklärungspflicht des Arztes grössere Anforderungen stellen (siehe auch S. 67).

Der zweite Fehler des Chirurgen bestand darin, dass er während der Operation den nervus accessorius aus den Augen verlor. Der Chirurg muss aber das Operationsgebiet normalerweise unter Kontrolle haben und wissen, wo und was er gerade mit seinen Instrumenten schneidet.

Der dritte Fehler scheint der entscheidende zu sein. Wenn der Chirurg die Nervenläsion sofort festgestellt hätte, wäre der Schaden noch zu beheben gewesen und die ersten zwei Fehler hätten keine grossen rechtlichen Konsequenzen gehabt.

Vergessene Operationsbestecke

Die während einer Operation im Körper des Patienten zurückgelassenen Operationsbestecke oder andere Utensilien, vor allem die Mulltupfer, bilden nicht nur Stoff für Karikaturisten oder Medizinstudentenwitze, sie können für den Patienten unangenehme bis schwerwiegende Folgen haben; Todesfälle sind nicht ausgeschlossen. Solche Nachlässigkeiten bei Operationen kommen offenbar auch immer wieder vor. Ihre Häufigkeit bei sorgfältigen und gewissenhaften Chirurgen wird mit 1:1000 angegeben.

Das Zurücklassen von Fremdkörpern im Operationsbereich wird in der Schweiz ohne Diskussion als ›Kunstfehler‹, als Verletzug der Sorgfaltspflicht des Chirurgen interpretiert. Der Schaden wird von den Versicherungsgesellschaften übernommen. Denn mit etwas Vorsicht lässt sich ein solcher Fehler vermeiden. Ob man dabei die Bestecke inklusive Tupfer zählt oder das Operationsgebiet nach der Beendigung der Operation sorgfältig absucht usw., ist nur eine Frage der Methode. Jeder Chirurg muss seine Methode selbst wählen.

Doch gibt es auch andere ›vergessene‹ Gegenstände, die unmittelbar mit dem Operationsgebiet und dem Operationsbesteck im herkömmlichen Sinne nichts zu tun haben.

Fall T.

Der 39jährige Patient T. wurde in einem Zürcher Spital am Knie operiert. Die Operation erfolgte in Intubationsnarkose. Der Zahnschutz des Schlauchs, der in die Luftwege eingeführt wird, blieb im Hals des Patienten stecken, als die Operation beendet und der Schlauch wieder entfernt wurde. Niemand hatte den Zahnschutz am Schlauch vermisst.

Der Patient spürte nach dem Erwachen aus der Narkose starke Halsschmerzen und hatte Schluckbeschwerden. Vier Tage lang reklamierte er, aber man nahm ihn nicht ernst. Die diversen Untersuchungen durch den Hals-, Nasen- und Ohrenarzt brachten nichts Ernsthaftes zutage.

Nach diesen qualvollen Tagen begann er an sich selbst zu zweifeln. Er konnte nicht begreifen, dass die Ärzte die Ursache seiner Halsschmerzen nicht finden konnten. Am 5. Tag nach der Operation begann er zu revoltieren. Auf sein Drängen hin wurde er geröntgt und siehe da: Der Zahnschutz im Hals war nicht zu übersehen. Die Überraschung und die Verlegenheit der Ärzte war entsprechend gross. Trotzdem entschuldigte man sich nicht einmal und ging einfach zur Tagesordnung über; mit einer kleinen Operation wurde der Zahnschutz entfernt und der Patient von seinen Halsschmerzen befreit.

Der Patient war allerdings noch nicht zufrieden. Er wollte, gewiss zu Recht, für die schmerzlichen 5 Tage entschädigt werden. Ohne grosse Diskussion bezahlte die Haftpflichtversicherung des Spitals dem Patienten Fr. 1000.– Schmerzensgeld.

Fall K. P.

Bei der 1907 geborenen Frau K. P. wurde am 2.4.1980 in einem Spital die Bauchspeicheldrüse teilweise entfernt, weil dieses Organ von Krebs befallen war. Nach ihrer Entlassung am 21.4.1980 begab sie sich in Begleitung ihres Ehemannes in ein Kurhaus im Tessin. Die Patientin, die in diesem Zeitpunkt noch nicht wusste, dass in ihrem Bauch ein Operationstuch vergessen worden war, schrieb am 22.6.1980 an das Spital:

Zitat ›Ich habe mit etwelchem Entsetzen den Bericht in der NZZ vom 14./15.6.1980 gelesen über die Zustände in Ihrem Spital, und ich möchte Ihnen mitteilen, dass auch ich ein Opfer dieser Infektionen bin.

Vom 31.3. bis 21.4.1980 war ich Patientin in Ihrer Abteilung (Zimmer 138) und wurde am 2.4.1980 von Herrn Prof. L. mit dem grössten Erfolg operiert. Am 10. Mai kam ich noch in ziemlich schwachem Zustand in Begleitung von meinem Mann für 4 Wochen zur Erholung ins Kurhaus Serpiano TI. Schon am ersten Abend musste ich wegen einer sich innert 2 bis 3 Tagen gebildeten Geschwulst bei der Narbe am Ausgang der beiden Schläuchlein die hauseigene Krankenschwester bemühen, die mir eröffnete, dass dieser Abszess schon in der Nacht platzen könne. Frühmorgens – am 40. Tag nach der Operation – erwachte ich dann auch in einem Eiterbad, und die Krankenschwester musste mich während mehr wie 3 Wochen täglich zweimal behandeln und verbinden, bis die Wunde wieder gut verheilt war. 8 Tage später, zu Hause in Neggio, bildete sich an der gleichen Stelle erneut ein Eiterherd, der immer noch akut ist und vom Hausarzt behandelt wird.

Dies zu Ihrer Orientierung. Mit freundlichem Gruss.‹ **Zitat Ende**

Am 5. 7. 1980 trat sie in ein anderes Spital ein und wurde zwei Tage später wieder operiert. Im Operationsbericht steht:

›L'aumento dell' ileo fa decidere per una laparatomia nel corso **Zitat**
della quale si spiega la presenza dell'ileo a causa di un panno armato con sfera di piombo, lasciato in sede in occasione del precedente intervento eseguito all ospedale‹[1]. **Zitat Ende**

Man fand also in der Bauchhöhle der Patientin einen armierten Mulltupfer, der für die postoperativen Beschwerden der Patientin, vor allem für die Vereiterung, verantwortlich war.

Danach hat sich die Patientin nicht mehr erholt. Die Operationsnarbe ist immer wieder gerissen, so dass sie Spezialkorsetts tragen musste. Trotzdem hatte sie diverse Narbenbrüche und starke Schmerzen. Sie nahm ständig ab und verbrachte schlaflose Nächte. Etwa 10 Monate nach der 2. Operation ist die Patientin gestorben.

---

1 Übersetzung: ›Die Verschlimmerung des Dünndarmes führt zur Entscheidung einer Bauchoperation, in deren Verlauf das Vorhandensein eines Darmverschlusses festgestellt wurde, dies als Folge eines mit Bleikugeln versehenen Tuches, welches während der im Spital vorangegangenen Operation belassen wurde.‹

Anmerkungen

Es konnte nachträglich nicht abgeklärt werden, ob der Bauchspeicheldrüsenkrebs allein oder ob auch die ausgedehnten Vereiterungen, die durch das vergessene Operationstuch verursacht worden waren und eine zweite Operation notwendig gemacht hatten, für den Hinschied der Patientin (mit-)verantwortlich war. Die Haftpflichtversicherung des Spitals hat die Haftung ohne Diskussion anerkannt und den daraus entstandenen Schaden des Ehemannes ersetzt. Ausserdem erhielt er von der Versicherung eine angemessene Summe als Genugtuung.

Andere therapeutische Fehler:
1. Verwechslung von Medikamenten

Obwohl die Massenmedien sehr ausführlich und etwas aufbauschend über solche Fälle berichten, kommt es immer wieder vor, dass Medikamente oder andere Präparate verwechselt werden. Es ist nicht selten, dass der Patient diesen Fehler mit seinem Leben oder mit einer schweren Beeinträchtigung seiner körperlichen Integrität bezahlt.

Ein spektakulärer Vorfall ereignete sich im Herbst 1980 in einem Zürcher Spital. Zwei ungenügend instruierte Studenten haben das Dialysemittel verwechselt. Das führte zum Tode von mindestens zwei Patienten. Ob weitere Patienten starben bzw. nicht wieder gutzumachende Nachteile davontrugen, erfuhr die Öffentlichkeit leider nicht.

Ein anderer, glimpflich verlaufener Unfall passierte auch in einem Universitätsspital: Ein junger Mann wollte seine Tätowierungen am linken Arm entfernen lassen. Statt des Narkosemittels für die Lokalanästhesie wurde das für die Reinigung bereitgestellte Benzin in den Arm des Patienten gespritzt. Durch das sofortige Eingreifen der Ärzte konnte Schlimmeres verhütet werden. Der Patient trug immerhin eine kleine Bewegungseinschränkung des linken Armes davon und musste einige Monate die Arbeit aussetzen.

Das Bundesgericht hat sich unter einem anderen Gesichtspunkt mit diesem Fragekomplex befasst. In dem im folgenden abgedruckten Urteil ging es darum, ob die Verwechslung von Medikamenten einen Unfall im versicherungsrechtlichen Sinne darstellt. Es sei vorab bemerkt, dass das Bundesgericht diese Frage bejaht hat:

›R. L., der an Ischiasschmerzen litt, wurde am 7. November 1955 von seinem Hausarzt wegen Verdachts einer Diskushernie in das Kantonsspital eingewiesen. Zur genauen Untersuchung der Wirbelsäule wurde eine Myelographie (Röntgenaufnahme des Rückenmarkes) angeordnet, bei der folgendermassen vorgegangen wird: Zuerst erhält der Patient eine Lokalanästhesie mit Novokain in die Haut. Darauf wird mittels einer metallenen Hohlnadel der Rückenmarkskanal angestochen und ca. 15 cm^3 Flüssigkeit abgelassen. Dann wird eine Lumbalanästhesie in den Rückenmarkskanal verabreicht. Nach ca. 10 Minuten wird als Kontrastmittel 10 cm^3 des 20%igen Jodpräparates Abrodil eingeführt, worauf die notwendigen 5 Röntgenaufnahmen in verschiedenen Strahlenrichtungen gemacht werden.

Bei der Untersuchung L.s am 8. November 1955 kam eine Verwechslung vor, indem die Narkoseschwester dem Arzt eine Spritze reichte, die statt 10 cm^3 Abrodil 20 cm^3 des 50%igen Jodpräparates Uroselectan enthielt, das für eine andere Untersuchung ebenfalls bereitstand und nur intravenös verwendet werden darf. Der Arzt kontrollierte die Ampulle nicht und applizierte die ihm gereichte Spritze. Der Irrtum wurde unmittelbar nach der Einspritzung entdeckt. Wenige Minuten nach erfolgter Röntgenaufnahme erlitt der Patient einen schweren Herzkollaps. Eine sofort vorgenommene Thorakotomie und Herzmassage brachte das Herz wieder zum Schlagen. Nach anfänglicher Besserung verschlimmerte sich der Zustand des Patienten und 16 Tage später (am 24. November 1955) starb er. Es ist unbestritten und festgestellt, dass der Tod ausschliesslich auf die Verwendung des falschen Kontrastmittels zurückzuführen ist‹ (BGE 85 II 344 ff.).

In einem Strafverfahren wurden der Assistenzarzt und die Krankenschwester, welchen die Verwechslung unterlaufen war, wegen fahrlässiger Tötung verurteilt. Die Verwechslung von Medikamenten bedeutet also versicherungsrechtlich einen Unfall.

Anmerkungen

Die Arbeitsteilung zwischen dem Arzt und dem Hilfspersonal, insbesondere den Krankenschwestern, ist juristisch nicht genau geregelt. Das führt bei der richterlichen Beurteilung der Verantwortlichkeiten zu merkwürdigen Überlegungen. Dem Hilfspersonal wird mehr Verantwortung aufgebürdet, als es sie durch die ihm übertragenen Kompetenzen tragen kann. Überspitzt könnte man formulieren: Keine Kompetenz, aber volle Verantwortung. Die zahlreichen Gerichtsurteile zeigen denn auch, dass am Schluss der Assistenzarzt und die Schwester hängenbleiben, d. h. strafrechtlich verurteilt werden, während die Hauptverantwortlichen ungeschorener davonkommen.

Bei der Beurteilung der Frage, wer für die Verwechslung der Medikamente und anderer Präparate die Verantwortung trägt, muss man folgende Grundsätze vor Augen halten:

– Der Arzt hat dem Hilfspersonal in jedem konkreten Fall die ganz klare Anweisung zu erteilen, und zwar die genaue Bezeichnung, die Dosierung und die Art der Präparierung des anzuwendenden Mittels.

– Der Arzt hat sich zu vergewissern, ob seine Anweisungen richtig verstanden wurden. Allfällige Missverständnisse oder Übermittlungsfehler gehen zu Lasten des Arztes.

– Wenn die Hilfsperson das Präparat dem Patienten selbst verabreichen darf, so hat sich der Arzt zu vergewissern, dass sie die Technik beherrscht und sonst zuverlässig ist.

– Wenn der Arzt dem Patienten das Mittel selbst verabreicht, so hat er sich vorher zu vergewissern, dass die von der Hilfsperson vorbereiteten Mittel seinen Anordnungen entsprechen.

Verletzt der Arzt eine dieser Pflichten und hat dies eine Verwechslung zur Folge, die der Gesundheit des Patienten schadet, so trägt in erster Linie er die Verantwortung.

2. Verwendung von kontraindizierten Medikamenten

Es gibt Medikamente und Heilmittel, die, alleine verwendet, dem Patienten nützen. Wenn sie aber mit bestimmten anderen Medikamenten zusammen verabreicht werden, können sie für den Patienten sehr schwere Nebenwirkungen herbeiführen. Die Hersteller von Medikamenten sind daher verpflichtet, auf der Pakkung bzw. im ›Waschzettel‹ des jeweiligen Präparates anzugeben, mit welchen anderen Mitteln es sich nicht verträgt, bzw. dem Patienten schädlich sein kann. Diese Gefahr wird mit dem Wort Arzneimittelinteraktion, bei den Laien etwas ungenau aber vereinfacht mit Kontraindikation bezeichnet.

Fall N. B.

Der 30jährige N. zog sich am 25.11.1978 durch einen Ausrutscher mit dem Motorrad eine Verletzung des linken Kniegelenkes zu, welche gleichentags zur Aufnahme in die Chirurgische Abteilung des Bezirksspitals führte. Hier wurde die Diagnose ›Fraktur des Tibiaplateaus lateral und Ausriss der Eminentia (intercondylica)‹ gestellt. ... Am 28.11.1978, also am 3. Tag nach dem Unfall, wurde das Knie operiert. Am 1., 2. und 3. Tag nach der Operation stieg die abendliche Körpertemperatur auf 38,2°. Aus diesem Grunde wurde eine antiinfektiöse Therapie mit Vibramycin per os (durch den Mund) eingeleitet. Die Temperatur blieb auch in den folgenden Tagen unruhig. Am 7.12.1978 – dem 9. postoperativen Tag – wurde im Pflegebericht ein Hämatom am Knie erwähnt und in der Krankengeschichte ist die Bemerkung ›blutig-seröse Sekretion als Folge der Hämatomentleerung‹ festgehalten. Am 12. Tag stieg die Temperatur bis auf 38,7°. Die Wunde wurde an diesem Tag an zwei Stellen gespreizt und noch einmal ein Hämatom ausgeräumt. Die Vibramycin-Behandlung wurde jetzt durch Baktrim-

Therapie (2 × 1 Kapsel) ersetzt. Da die Temperatur weiter bis auf 40° stieg, wurde der Patient nochmals operiert; die alte Wunde wurde eröffnet und das infizierte Hämatom ausgeräumt, damit die Wunde nicht wieder infiziert werde. Eine Dauerspülung der Wunde wurde eingerichtet. In die Flüssigkeit, mit der man die Wunde spülte, mischte man Neomycin bei, ein Medikament aus der Familie der Antibiotika. Zugleich wurden aber dem Patienten intravenös, d. h. direkt in die Blutbahn, zwei weitere Antibiotikas verabreicht: Obracin und Spectacilin.

Am 14. Tag nach der zweiten Operation stellte man beim Patienten beidseitigen Hörverlust fest. Am 28.12.1978 wurde die Neomycin-Spülbehandlung, welche jetzt während 18 Tagen ununterbrochen einwirkte, abgesetzt. Am 31.12.1978 wurde praktisch volle Taubheit festgestellt. Die Diagnose einer ototoxischen Ertaubung wurde in der Folge durch den Spezialisten bestätigt.

Seither ist der Patient unheilbar und lebenslänglich taub!

Der von der Haftpflichtversicherung des Bezirksspitals beauftragte Experte kam in seinem Gutachten zur folgenden Beurteilung der Versicherungsfragen:

Zitat ›1. Die bei Herrn N. seit dem 24.12.1978 aufgetretene Gehörsverminderung ist auf die Behandlung mit Obracin und Neomycin zurückzuführen.

2. Die beim Patienten am 11.12.1978 durchgeführte Behandlung mit Obracin und Neomycin war, jedes Medikament einzeln betrachtet, indiziert.

3. Die gleichzeitige Verwendung von Obracin und Neomycin war kontraindiziert.

4. Bei der Durchführung der Spüldrainage, insbesondere bei der Dosierung der Neomycin-Lösung, hat man keine bekannten, allgemeingültigen Regeln verletzt.

5. Grundsätzlich lässt sich bei der Durchführung einer Neomycin-Spülbehandlung ein Gehörschaden nie mit Sicherheit vermeiden; damit ist auch die Frage, ob bei kunstgerechter Vornahme der Behandlung ein Gehörschaden ganz oder teilweise vermieden werden kann, zu verneinen.

6. Mit dem Absetzen des Neomycins wurde, nachdem am 24.12.1978 die ersten Ohrsymptome auftraten, zu lange zugewartet.‹ **Zitat Ende**

Anmerkungen

Auf der Packung des Obracin steht: ›Die gleichzeitige oder aufeinanderfolgende Gabe mit anderen oto- und/oder neurotoxischen Antibiotika, insbesondere ... Neomycin ... sollte vermieden werden‹. Die Ärzte des Bezirksspitals haben diesen Hinweis übersehen; ein schwerer Fehler mit schwersten Konsequenzen für den Patienten.

Es fällt auf, dass der Gutachter in seiner Beurteilung der Versicherungsfragen es nicht übers Herz bringt, seinem Kollegen ausdrücklich Pflichtverletzung vorzuhalten. Die ausserordentlich geschickten, fast akrobatischen Formulierungen erwecken beim ersten Durchlesen sogar den Eindruck, als sei alles mit rechten Dingen vor sich gegangen.

Die Nichtbeachtung der Arzneimittelinteraktions- bzw. Kontraindikationsregeln stellt eine sehr schwere Verletzung der Sorgfaltspflichten des Arztes dar.

Die Versicherungsgesellschaft, bei der das Spital haftpflichtversichert ist, hat denn auch die Haftungsfrage nicht zur Diskussion gestellt: Der bisherige finanzielle Schaden des Patienten wurde ersetzt.

3. Folgenschwere Nebenwirkungen von Medikamenten

Jedes Medikament hat eine oder mehrere Hauptwirkungen, mit denen der Arzt die Gesundheitsstörung seines Patienten zu bekämpfen versucht. Fast jedes Medikament hat aber auch Nebenwirkungen, die der Gesundheit des Patienten schaden können. Die pharmazeutische Industrie ist bestrebt, die Nebenwirkungen eines Präparates zu eliminieren oder auf ein Mindestmass zu reduzieren. Sie hat auch eigene Abteilungen hierfür, deren ausschliessliche Aufgabe es ist, die Nebenwirkungen der von ihnen auf den Markt geworfenen Medikamente zu ermitteln und zu kontrollieren. Zu diesem Zweck werden Spitäler und Ärzte über ihre Erfahrungen und Beobachtungen mit bestimmten Medikamenten befragt, damit späte und unvoraussehbare Nebenwirkungen erfasst und entsprechende Massnahmen getroffen werden können.

Fall Y.D.

Zitat ›Ich bekam 1961 Polyarthritis und wurde vom Hausarzt nach einiger Zeit in die Rheumaklinik zur ambulanten Untersuchung geschickt. Diese verordnete drei Goldkuren, die der Hausarzt spritzte. Mitte 1962, nachdem sich der Gesundheitszustand gebessert hatte, verordnete der untersuchende Arzt der Rheumaklinik Resochin als Dauerbehandlung. Seit 1962 gab mir nun der Hausarzt regelmässig das Rezept für eine neue Packung Resochin. Da mich die deformierten Handgelenke als Folge der Arthritis immer etwas schmerzten, waren der Arzt und ich der Ansicht, dass die Einnahme von 2 Resochin pro Tag (250 mg) **Zitat Ende** nötig sei.‹

Da sich ihr Sehvermögen verschlechterte, suchte die Patientin gegen Ende 1977 einen Augenarzt auf. Dieser erfuhr erst im Mai 1978, dass die Patientin seit Jahren regelmässig Resochin einnahm. Daraufhin wies er sie zu einer eingehenden Untersuchung ins Spital ein. Dort stellte sich heraus, dass sich in der Hornhaut Resochin-Ablagerungen gebildet hatten.

Dann begann der Kampf dieser tapferen Frau mit ihrem Arzt und seiner Haftpflichtversicherung. Nach langen Abklärungen gab die Letztere ein Gutachten in Auftrag. Die folgenden Ausführungen des Gutachters fassen das ganze Problem zusammen:

Zitat ›Resochinschädigungen sind schon seit vielen Jahren bekannt. Aus diesem Grund wird im ganzen Schrifttum auf die Notwendigkeit von Kontrollen hingewiesen. Was nicht einheitlich beurteilt wird, ist die Reversibilität; während im augenärztlichen Schrifttum auf das häufige Bestehenbleiben der Schädigung hingewiesen wird, findet sich in einer relativ neuen Publikation der Zürcher Rheumatologischen Klinik auch die Angabe, dass die Nebenwirkungen praktisch immer reversibel seien.

In unserem Schrifttum finde ich die Angabe, dass die Einzeldosierung 125 mg nicht überschreiten soll, dass die gesamte Jahresdosierung 100 g nicht überschreiten soll, und dass nach 3 Jahren von diesem Medikament auf ein anderes gewechselt werden soll. Es ist deshalb auch nicht erstaunlich, dass das Resochin, welches ja von der Patientin über viele Jahre eingenommen worden sein soll, zu einer Netzhautschädigung geführt hat. Die eintretende Schädigung ist mit dem Sichtbarwerden nicht identisch. Das Erkennen einer beginnenden Schädigung ist nicht nur nicht einfach (es erfordert eingehende spezielle Untersuchungen), sondern hängt selbstverständlich auch mit dem Motiv der Untersuchung zusammen.‹ **Zitat Ende**

Die Patientin hatte auch an die Rheumatologische Klinik des Universitätsspitals geschrieben und folgende Antwort erhalten:

›Sehr geehrte Frau Y. **Zitat**
Von Ihrem Brief vom 25. Januar 1979 habe ich Kenntnis genommen und muss daraus ersehen, dass bei Ihnen eine durch Resochin verursachte Retinopathie aufgetreten ist. Ich werde versuchen, die entsprechenden Akten zu studieren, was allerdings nach mehr als 15 Jahren auf Schwierigkeiten stossen wird, so dass Sie sich noch etwas gedulden müssen.

Es ist durchaus möglich, dass man Ihnen damals als sogenannte Dauertherapie Resochin verschrieben hat. Dies heisst natürlich keineswegs, dass Sie ein ganzes Leben lang dieses Medikament einnehmen müssen.‹ **Zitat Ende**

Die Haftpflichtversicherung des Arztes hat nach diesem Gutachten die Haftung anerkannt und den Schaden der Patientin nebst Bezahlung einer stattlichen Genugtuungssumme ersetzt.

Anmerkungen

Der Arzt hat, bevor er seinem Patienten ein Medikament verschreibt, abzuklären,
- ob der Patient andere Medikamente einnimmt und diese sich mit dem neuen Medikament vertragen,
- ob der Patient allenfalls allergisch auf das neue Medikament reagiert.

Es ist z. B. bekannt, dass manche Leute auf bestimmte Penicillinarten allergisch sind. In einer Kinderklinik wurde ein Knabe nachbehandelt, dem wegen einer Penicillinreaktion beide Beine amputiert werden mussten.

In diesem Zusammenhang hat der Patient aber auch die Pflicht, den Arzt auf seine Allergien aufmerksam zu machen. In diesem Sinne ist es auch empfehlenswert, eine internationale Impfkarte auf sich zu tragen. Unterlässt es der Patient, dem Arzt seine Allergien mitzuteilen bzw. die internationale Impfkarte vorzuzeigen, so kann sich der Arzt gegebenenfalls von seiner Haftung befreien.

Unter Dauertherapie darf man nicht lebenslängliche Einnahme von Medikamenten verstehen.

Gewissenhafte Ärzte kontrollieren nach sechs, spätestens zwölf Monaten, die Haupt- und Nebenwirkungen der verschriebenen Medikamente. Ist die erhoffte Hauptwirkung nicht eingetreten, wird sich der Arzt Gedanken über einen neuen Therapieplan machen müssen. Er wird auch ständig kontrollieren müssen, ob und in welchem Umfange Nebenwirkungen eingetreten sind. Zu diesem Zwecke hat er, falls notwendig, und wie aus dem letzten Beispiel (Fall Y. D., S. 94ff.) unschwer hervorgeht, einen Facharzt zur Untersuchung des Patienten beizuziehen.

Überhaupt ist der Arzt verpflichtet, die Vor- und Nachteile der Haupt- und Nebenwirkungen des von ihm verschriebenen Medikamentes gegeneinander abzuwägen, mit anderen Worten, eine Kosten- und Nutzenanalyse vorzunehmen. Erst nach diesen Überlegungen wird er dem Patienten das nach seiner Ansicht geeignete Medikament vorschlagen bzw. verschreiben. Es gehört auch zu seinem Pflichtenkreis, bei heiklen Medikamenten die Nebenwirkungen besonders engmaschig zu kontrollieren und den Patienten darüber aufzuklären.

Es ist selbstverständlich, dass der Arzt verpflichtet ist, die Publikationen in Fachzeitschriften über Nebenwirkungen von Medikamenten zu verfolgen und die Mitteilungen der zuständigen Behörden über die aus dem Markt gezogenen Präparate zu beachten.

Bestrahlungsschäden und Schäden durch technische Apparaturen

Durch die rasante Technisierung der Medizin wird der Umgang mit den technischen Apparaturen immer komplizierter und gefährlicher. Es werden vom ohnehin überforderten Arzt noch technische Kenntnisse erwartet, die er vom Grundstudium her nicht mitbringt. So kommt es immer wieder vor, dass durch falsche Bedienung, ungenügende Wartung oder unzureichende Kenntnis der Apparate die Patienten erheblichen Gefahren ausgesetzt werden.

Die grösseren Spitäler haben eigene Betriebsingenieure, die für die Instandhaltung der technischen Einrichtungen inklusive medizinischer Apparate verantwortlich sind. Die kleineren Spitäler oder freipraktizierenden Ärzte sind diesbezüglich oft überfordert. Doch sollten diese, mittels Wartungsverträgen mit den Lieferfirmen, durch seriöse Ausbildung des Bedienungspersonals, die Risiken auf ein Minimum reduzieren. Aber nicht alle Bedienungsrisiken lassen sich delegieren. Daher stehen die Ärzte unter dem Zwang der weiteren Spezialisierung, um ihr Fachgebiet, inklusive die dazu gehörenden technischen Mittel, richtig zu beherrschen.

Der Preis der Technisierung ist sehr hoch; der Patient als Mensch und als Ganzes wird aus den Augen verloren. Er wird versachlicht und verwissenschaftlicht. Seine persönlichen Nöte, sein ganzes soziales Umfeld als Mitursachen seiner Krankheit und als Chance der Therapie, werden einer objektivierten, naturwissenschaftlich-rationalen Medizin geopfert.

Die ersten durch die Gerichtsurteile bekannt gewordenen Opfer der Technisierung der Medizin waren die bestrahlungsgeschädigten Patienten durch Röntgenapparate. Man hatte damals zu wenig Erfahrung mit diesen Geräten und unterschätzte deshalb die Gefahr, der man die Patienten damit aussetzte. Die Krebspatienten wurden ursprünglich ebenfalls mit Röntgenstrahlen behandelt, weil man annahm, durch die Verbrennung des Gewebes die Metastasierung verhindern zu können.

Die folgenden zwei Beispiele betreffen Röntgenbestrahlungsschäden aus früheren Jahren. Die vom Bundesgericht und vom Zürcher Obergericht in diesen Urteilen entwickelten Grundsätze gelten auch heute noch im Umgang mit Bestrahlungsapparaten.

Die folgenden zwei Beispiele sind publizierten Gerichtsurteilen (Bundesgericht und Zürcher Obergericht) entnommen.

Fall B.

Aus dem Urteil des Bundesgerichts:

Zitat ›Der 1868 geborene Kläger B. erkrankte im Frühjahr 1922 an einem Geschwür am Mundboden. Der behandelnde Arzt, Dr. F., vermutete Krebs.

B. konsultierte deshalb einen Spezialisten für Mundkrankheiten, Dr. S., der am 1. April 1922 eine Excision vornahm und das herausgeschnittene Gewebestück dem Pathologischen Institut Z. zur Untersuchung einschickte. Am 5. April 1922 gab Dr. V., Assistent dieses Instituts, einen schriftlichen Bericht dahin ab, dass er das eingesandte Stückchen bereits für carcinomatös halte, dass er aber ‚zur endgültigen Sicherung der Diagnose' weiteren Materials bedürfe.

In der Annahme, es handle sich um einen Mundbodenkrebs, schritt Dr. S. unter Mitwirkung von Dr. W., der die gleiche Auffassung hatte, am 8. April 1922 zur operativen Entfernung des Geschwürs. Das Operationspräparat wurde wiederum dem Pathologischen Institut eingeschickt, das sich in seinem erst am 11. Mai 1922 erstatteten Bericht dahin ausspracht, dass die Diagnose Krebs nicht mehr aufrechterhalten werde.

Inzwischen hatte Dr. S. den Kläger – zwei Tage nach der Operation – an die Beklagte, Spezialistin für Röntgenbehandlung, gewiesen zwecks Vornahme einer postoperativen Bestrahlung des ‚Plattenzellencarcinoms'.

Die am 10. April 1922 durchgeführte erste Bestrahlung hinterliess keinerlei nachteilige Spuren. Der Kläger wurde am 15. April 1922 als geheilt aus dem Krankenhaus entlassen und konnte seinen Geschäften wieder nachgehen.

Am 6. Mai 1922, vormittags, erfolgte auf Anraten des Dr. S. eine zweite Bestrahlung. Vor der Durchführung derselben machte die Beklagte Dr. S. – der den Kläger begleitet hatte – auf eine leichte Rötung am Kinn aufmerksam, in der sie ein von der ersten Bestrahlung herrührendes Röntgenerythem (leichte Hautschädigung) vermutete. Als Dr. S. darauf bestand, dass die Rötung durch die Operationsfistel verursacht sei, leitete sie die 47 Minuten dauernde Bestrahlung ein. Die Überwachung der Apparatur während dieser Zeit überliess sie der am 1. Mai 1922 in ihren Dienst getretenen, mit der Röntgenbehandlung nicht vertrauten Krankenschwester L. Sch., der sie vorher während 10 Minuten Instruktionen über die Ausübung der Kontrolle erteilt hatte. Die Beklagte selber hielt sich in dem nebenanliegenden Sprechzimmer auf, kam aber einige Male ins Röntgenkabinett zurück, um am Schaltapparat nachzusehen. Nach 25 Minuten will sie die Röntgendosismessung, die mit der sog. Holzknechttablette erfolgt, kontrolliert und die Tablette neu auf das Bestrahlungsfeld aufgelegt haben. Gemäss ihrer eigenen Aussage war diese Holzknechttablette am Schlusse der Bestrahlung im Verhältnis zur Bestrahlungszeit auffallend dunkel. Während sie behauptet, die Filter aus Zink und Aluminium selber eingesetzt zu haben, hat L. Sch. als Zeuge erklärt, dass sie dieselben auf Weisung und unter Kontrolle der Beklagten eingelegt und nach der Bestrahlung auch wieder entfernt habe.

Wenige Stunden nach dieser Bestrahlung trat beim Kläger im Bestrahlungsgebiete eine starke, schmerzhafte Hautentzündung auf. Eine im Beisein der Beklagten von Dr. S. vorgenommene Rotlichtbestrahlung brachte ihm Linderung. Er verblieb vorerst noch in der Behandlung der Beklagten, die diese Erscheinungen als übermässige Hautreaktion und als vorübergehende Nebenwirkungen der Röntgenbestrahlung auffasste. Als sich sein Zustand immer mehr verschlimmerte, begab er sich am 4. Juli 1922 in die Behandlung des Dermatologen Dr. M. In der Folge entwickelte sich eine Kiefernekrose. Am 15. Dezember 1923 unterzog sich der Kläger in der Westdeutschen Kieferklinik in Düsseldorf einer Operation, die in der Entfernung des horizontalen linken Unterkieferastes bestand. Im März 1924 wurde er in einem Kantonsspital zwecks Entfernung des ‚noch bestehenden **Zitat Ende** toten Knochens am Kinn' neuerdings operiert.‹

Das Bundesgericht hat die Klage des schwer geschädigten Patienten mit folgender Begründung gutgeheissen:

Zitat ›Ist somit der Tatbestand eines objektiv mangelhaften, für die eingetretene Schädigung kausalen Bestrahlungsverfahrens gegeben, so bleibt noch zu prüfen, ob und inwieweit jener Fehler der Beklagten zum Verschulden anzurechnen sei. Hierbei ist davon auszugehen, dass die Beklagte bei Durchführung der Intensivbestrahlung – die sie aufgrund der von Dr. S. gestellten Diagnose Krebs vornehmen durfte – mit Rücksicht darauf, das sich die Bestrahlungstechnik, wie die Experten ausführen, immer noch ‚im Gestalten' befindet und noch wenig allgemein anerkannte Grundsätze bestehen, zur Aufbietung der grössten Sorgfalt verpflichtet war. Und es durfte auch der Kläger, gerade weil er sich einem Spezialisten anvertraut hatte, der Anspruch darauf erhob, dass seine Vorbildung und Erfahrung in der Handhabung der notwendigen Apparate alle Gewähr für eine richtige Durchführung der Bestrahlung biete, besondere Sorgfalt erwarten. Das Expertenkollegium, das sich mit der Schuldfrage ebenfalls befasst hat, verneint, dass sich die Beklagte *eines Kunstfehlers oder einer Nachlässigkeit schuldig gemacht habe*, und führt den Mangel des Zinkfilters auf ein blosses ‚Versehen' zurück. Damit wollten die Experten aber nicht jedes Verschulden schlechthin ausschliessen, sondern, wie sie im Ergänzungsgutachten ausdrücklich hervorheben, ,dem Gerichte nur verständlich machen, wie sie den Grad des Verschuldens bemessen'. Sie nehmen also selber ein – freilich nur geringes – Verschulden an, da nach ihrer Auffassung Schädigungen, wie die vorliegende, durch das Einsetzen des Zinkfilters vermieden werden können. Handelt es sich nun zwar bei der Frage nach dem Vorliegen eines Verschuldens um eine Rechtsfrage, so darf doch der Richter die ihm von dem Sachverständigen gegebene Wegleitung nicht ausser acht lassen. Die Experten allein sind in der Lage zu beurteilen, welche Anforderungen eine Röntgenbestrahlung an den Arzt stellt, unter welchen Bedingungen sie vor sich geht und durchgeführt werden kann und was sich dabei erfahrungsgemäss mit oder ohne Schuld, oder mit grösserer oder kleinerer Schuld ereignen kann. Denn der Grad des Verschuldens lässt sich am besten daran prüfen, wie leicht oder wie schwierig es ist, einen Fehler zu vermeiden. Darüber, dass hier die Beklagte das zur Verhütung der Schädigung Erforderliche vermöge ihrer Kenntnisse und Fähigkeiten zu leisten imstande war, kann ein Zweifel nicht bestehen, behauptet sie doch selber, den Zinkfilter eingesetzt zu haben. Es muss daher, in Übereinstimmung mit der Vorinstanz, angenommen werden, dass sie ihre Diligenzpflicht verletzt hat.

Daraus folgt ihre grundsätzliche Haftung für den dem Kläger zugefügten Schaden‹ (BGE 53 II 419 ff.). **Zitat Ende**

Fall H.

Aus einem Urteil des Zürcher Obergerichts:

›Ein im Jahre 1886 geborener Arzt betrieb in Zürich eine spezialärztliche Praxis zur Behandlung von Hautkrankheiten. Er arbeitete u.a. mit einem Röntgentherapiegerät. Zwischen dem 28. November und dem 11. Dezember 1967 erlitten sieben in seiner Praxis von ihm mit Röntgenstrahlen im Gesicht behandelte Patienten, davon sechs weiblichen Geschlechtes, Verbrennungen, die längere Behandlungen erforderten und bleibende **Zitat**

Rötungen zur Folge hatten. In der eingeleiteten Strafuntersuchung ergab sich, dass eine neue Röntgenröhre, die dem Arzt am 27. November 1967 von einer Aktiengesellschaft geliefert worden war, nicht der Bestellung entsprach, sondern erheblich stärker war. Zudem wurde festgestellt, dass sich der nicht aufgeschraubte, sondern nur zwischen Röhre und Tubus eingeklemmte Aluminiumfilter verschoben haben musste.

Die Bezirksanwaltschaft Zürich erhob gegen den Arzt Anklage wegen fahrlässiger schwerer Körperverletzung, weil er in pflichtwidriger Unvorsichtigkeit

‚1. vor Aufnahme der Bestrahlung den Sitz des mobilen Aluminiumfilters im Tubus nicht kontrollierte, so dass bei schrägem Sitz des Filters filterlose Röntgenstrahlen in Form einer Sichel ausstrahlten;

2. bei den mehr als einmal bestrahlten Patienten P., W., K. und G. die Schwere der Strahlenreaktion nach der ersten Bestrahlung unrichtig beurteilte;

3. bei Frl. W. Teile der behaarten Kopfhaut, bei Frl. K. grosse Partien der Wangen, Nase und Oberlippe und bei R.P. die Nase und die augennahen Wangenpartien mangelhaft abgedeckt oder ein Verrutschen der Abdeckung nicht überwacht habe.'‹

Zitat Ende

Das Gericht erörtert danach, ob die Verbrennungen der Haut durch den Röntgenapparat schwere Körperverletzung im strafrechtlichen Sinne darstellen. Er bejaht diese Frage und führt zur Sorgfaltspflicht des Arztes folgendes aus:

Zitat ›Die Sorgfaltspflicht des Arztes ist nach dem objektiven Massstab des Standes der medizinischen Wissenschaft und Erfahrung zu messen, nicht nach dem persönlichen Können und der subjektiven Einsicht des einzelnen. An die Sorgfalt eines zu Therapiezwecken mit Röntgenstrahlen arbeitenden Arztes müssen erhöhte Anforderungen gestellt werden, ist doch die Gefährlichkeit solcher Strahlen heute allgemein bekannt und durfte der Angeklagte bei einer Mehrzahl abnormaler Reaktionen einen technischen Defekt keinesfalls von vornherein ausschliessen, dies um so weniger, als wenige Tage vor dem Auftreten der erwähnten Reaktionen ein wichtiger Teil seines Apparates erneuert worden war. Er durfte sich deshalb nicht einfach auf seine früheren Erfahrungen verlassen. Wenn der Angeklagte ausgesagt hat, er habe im grossen und ganzen versucht, eine Erythemdosis zu vermeiden, bei einer robusten Haut erschrecke er aber nicht, wenn sich ein Röte einstelle, so beweist dies, dass er mit den modernen Erkenntnissen der Wissenschaft, wie sie in den Gutachten von Prof. Dr. St. und PD Dr. Sch. zum Ausdruck kommen, nicht genügend vertraut war. Er hätte wissen müssen, dass das mit dem Auftreten eines Erythems verbundene Risiko eines Dauerschadens zu gross ist, als dass es zur Behandlung einer gutartigen Hautkrankheit, wie sie die Akne darstellt, in Kauf genommen werden dürfte. Handelte er anders, so verletzte er ‚allgemein anerkannte und zum Gemeingut der Wissenschaft gewordene Grundsätze'. Dies gilt hier um so mehr, als sich der Angeklagte auch der Grösse der von ihm bei den einzelnen Bestrahlungen erfassten Felder und der Wirkungen der Felderüberschneidung nicht genügend bewusst war. Hierin liegt, wie aus den Gutachten von Prof. Dr. St. und PD Dr. Sch. eindeutig hervorgeht, ein zusätzliches, den Angeklagten belastendes Element, das im Rahmen des Anklagevorwurfs der falschen Beurteilung der ersten gemeldeten Röntgenschäden mitzuberücksichtigen ist.

Dem Angeklagten kann daher höchstens noch zugebilligt werden, dass er die erste aussergewöhnliche Reaktion, diejenige von Frau Sch., einer besonderen Empfindlichkeit zuschreiben durfte. Nachdem ihm aber zwei Tage später Frl. K. Rötungen und Schwellungen der nämlichen Art zeigte, die so intensiv waren, dass er spontan äusserte, er habe eine solche Reaktion noch nie erlebt, hätte er zwingend auf den Gedanken eines Bestrahlungsfehlers verfallen müssen, was ihn wiederum hätte dazu veranlassen müssen, seinen Apparat durch einen Fachmann in allen Teilen kontrollieren zu lassen, bevor er weitere Behandlungen vornahm. Er hätte als Spezialarzt weiterdenken müssen, als bloss an die individuelle Empfindlichkeit jeder einzelnen Patientin für sich. Wenn der Angeklagte nach dem Besuch von Frl. K. am 6. Dezember 1967 nicht so handelte, sondern einstweilen lediglich Linderungsmittel verordnete und im übrigen seine Praxistätigkeit in gewohnter Form weiterführte, so kann die Ursache dieses Verhaltens nur in der geschilderten ungenügenden Kenntnis der modernen Röntgentechnik und der mit ihr verbundenen Gefahren oder in einer gewissen Gleichgültigkeit gesucht werden. Wahrscheinlich haben beide Komponenten mitgespielt. Beides stellt nach dem persönlichen Verhältnis des Angeklagten als eines spezialisierten Röntgenarztes eine pflichtwidrige Unvorsichtigkeit im Sinne des Art. 18 Absatz 3 StGB und damit eine Fahrlässigkeit dar, für die der Angeklagte einzustehen hat.‹

Das Gericht diskutiert auch, ob die Unterlassungen des Arztes, gewisse technische Massnahmen vorzukehren, als Ursache im rechtlichen Sinne für die Verbrennungen betrachtet werden können bzw. müssen. Dies heisst in der juristischen Sprache: Adäquater Kausalzusammenhang zwischen einer Ursache und ihren Folgen. Das Gericht führt dazu aus:

›Dass es zur Pflicht jedes Arztes, der mit Röntgenstrahlen arbeitet, gehört, die Bestrahlungen möglichst schonend durchzuführen und die Dosis der den Körper treffenden Strahlen der zu behandelnden Krankheit genau anzupassen, ist heute auch für den Laien eine Selbstverständlichkeit und ergibt sich im übrigen mit aller Deutlichkeit aus den beiden Gutachten von PD Dr. Sch. Ein für den Schadenseintritt kausales Verschulden entfiele nur dann, wenn der Angeklagte mit nachteiligen Folgen der unterlassenen Abdeckung schlechthin nicht hätte rechnen müssen. Dies trifft jedoch nicht zu. *Technisches Versagen der gefährlichen Apparaturen muss immer in Rechnung gestellt werden,* wie gerade der vorliegende Fall drastisch zeigt, in dem sich zwei derartige technische Fehler summierten. Der Therapeut hat in jedem Falle seine Behandlungstechnik so zu wählen, dass eine allfällig zu hohe Strahlendosis möglichst wenig Schaden anrichten kann, d. h. er hat die keiner Bestrahlung bedürftigen Hautstellen in zweckmässiger Art und Weise abzudecken. Ein zweiter Grund, weshalb eine solche Pflicht unbedingt bejaht werden muss, liegt darin, dass auch im Hinblick auf allenfalls später wegen der nämlichen oder wegen einer anderen Erkrankung notwendig werdende Bestrahlungen die Dosis der den Körper treffenden Röntgenstrahlen möglichst niedrig zu halten ist. Aus allen diesen Gründen sind die Pflichtwidrigkeit der ungenügenden Abdeckung der erwähnten Gesichtspartien durch den Angeklagten und auch die Voraussehbarkeit der möglichen Folgen und damit der adäquate Kausalzusammenhang zwischen seinem Verhalten und der eingetretenen Schäden zu bejahen. Dass der Angeklagte auch die Feldgrössen und die sich durch Überschneidung der einzelnen Felder ergebende zusätzliche Strahlenbelastung falsch eingeschätzt hat, vermag ihn keinesfalls zu entlasten, sondern stellt einen im Rahmen der Strafzumessung zu würdigenden, schulderhöhenden Faktor dar.‹ **Zitat Ende**

Bei der Strafzumessung entwickelt das Gericht interessante Grundsätze, die jeder Arzt ab 70 Jahren sehr genau durchlesen sollte.

›All dies zusammengenommen zeigt doch, dass der Angeklagte **Zitat** trotz seines im übrigen aussergewöhnlich guten Gesundheitszustandes nicht mehr über die nötige geistige Spannkraft verfügte, um allen Gefahren des äusserst anspruchsvollen Berufs eines Röntgenarztes gewachsen zu sein. Es genügt eben auf diesem Gebiete nicht, einer langjährig bewährten Technik treu zu bleiben, sondern es ist unabdingbares Erfordernis, sich laufend über die neuesten Erkenntnisse der Wissenschaft zu informieren und ihnen auch in der Praxis Rechnung zu tragen. Dass der Angeklagte dazu im Alter von mehr als 80 Jahren nicht mehr in vollem Umfange in der Lage war, gereicht ihm nicht zum Vorwurf. Vor den natürlichen Abbauerscheinungen des Alterns ist niemand gefeit. Indessen kann diese Tatsache auch nicht in erheblichem Masse entlastend wirken, bleibt doch jedermann für sich selbst verantwortlich und hat er dafür einzustehen, wenn er bei fortschreitenden Jahren eine gefährliche Tätigkeit nicht rechtzeitig einstellt. Erinnert sei etwa an an die verhältnismässig zahlreichen Fälle, in denen sonst durchaus rüstige und vitale Menschen im Alter von etwa 70 Jahren – es kann auch etwas früher oder etwas später sein – erkennen müssen, dass sie im Interesse der Sicherheit des Verkehrs auf das Führen eines eigenen Autos verzichten müssen‹. (ZR 1973 Nr. 60 = Zürcher **Zitat Ende** Obergerichtsurteile.)

Anmerkungen

Es ist recht merkwürdig, ja erstaunlich, dass die frei praktizierenden Ärzte keine obere Altersgrenze, keine Zwangspensionierung kennen, obwohl sie einen für den Patienten unter Umständen sehr gefährlichen Beruf ausüben. Die verfassungsmässige Handels- und Gewerbefreiheit, auf die sich die Ärzte berufen, dürfte hier nicht missbraucht werden. Dem Interesse des Arztes, diese verfassungsmässige Handels- und Gewerbefreiheit voll zu geniessen, steht das Persönlichkeitsrecht des Patienten bzw. sein Recht auf die körperliche Unversehrtheit gegenüber.

Der Arzt ist der einzige Mensch, der berufsmässig und mit Zustimmung des Patienten dessen Unversehrtheit antasten darf. Seine Verantwortung und die Anforderungen an seine ethische Haltung sind derart hoch, dass er nebst seinem anspruchsvollen Studium und einer strengen praktischen Ausbildung eine staatliche Bewilligung braucht, seinen Beruf auszuüben. Durch diese strengen Zulassungsbedingungen wird die Handels- und Gewerbefreiheit eingeschränkt, d. h. nur derjenige darf als Arzt tätig sein, der diese Voraussetzungen erfüllt.

Diese Einschränkung der Handels- und Gewerbefreiheit muss konsequenterweise wieder zur Anwendung kommen, wenn die Bedingungen zur Erteilung der Konzession vom Arzt offensichtlich nicht mehr erfüllt werden können. Das ist sicherlich der Fall ab Alter 70, müssen doch sogar die Universitätsprofessoren ab diesem Alter aufhören, weil sie ›nicht mehr über die nötige geistige Spannkraft‹ verfügen, wie das Obergericht es so schön ausdrückt.

Der Arzt, der technische Hilfsmittel verwendet, hat diese so zu beherrschen, dass er auch in kritischen Situation nicht hilflos dasteht. Er hat auch jene Technik zu erlernen, mit der solche Situationen gemeistert werden können.

Er ist auch verpflichtet, die technischen Apparate in einwandfreiem Zustand zu halten. Er hat für den nötigen Wartungsdienst zu sorgen. Ist er nicht unmittelbar für den Apparat verantwortlich, wie z. B. in einem grösseren Spital, so hat er sich mindestens vor der Inbetriebnahme des Apparates von dessen einwandfreiem Zustand zu überzeugen.

In einem Spital ist es der Chefarzt, der für alle Apparaturen verantwortlich ist. Er kann aber diese Verantwortung an seine Oberärzte delegieren, wobei er für die Auswahl, Instruktion und Überwachung seiner Oberärzte nach wie vor verantwortlich bleibt. Die unmittelbare Verantwortung liegt nachher auf den Schultern der Oberärzte, die ihrerseits die Assistenzärzte und das andere Hilfspersonal zu instruieren und zu überwachen haben.

Der Vollständigkeit halber sei erwähnt, dass das Bundesgericht im ersten Beispiel (Fall B., S. 98 ff.) die Haftung der Ärztin bejaht hat, obwohl die medizinischen Experten das Vorliegen eines Kunstfehlers verneint haben. Dieses Beispiel zeigt deutlich, dass man die Frage des Kunstfehlers nicht durch einen medizinischen Experten beantworten lassen darf.

Man darf die zitierten Urteile nicht als überholt abtun, weil sie zeitlich etwas zurückliegen. Umgekehrt: die in diesen Urteilen entwickelten Grundsätze gelten heute noch uneingeschränkt. Es mag sein, dass heute durch Röntgenstrahlen keine Hautverbrennungen mehr auftreten. Es geht aber nicht nur um die Gefahren durch Röntgenapparate, sondern der technischen Mittel überhaupt. Man denke an Ultraschall und Laserstrahlen, an deren allfällige Nebenwirkungen, Gewebebeschädigungen usw., die in der Öffentlichkeit nicht diskutiert werden. Man denke aber auch an andere, zahlreiche technische Apparate, von deren richtigem Funktionieren das Leben bzw. das Wohl des Patienten abhängt.

Beischlaf als Psychotherapie?

– Ist unsere Sexualerziehung lustfeindlich?
– Ist die Ehe als Hauptbetätigungsfeld sexueller Beziehungen nicht mehr geeignet, die natürlichen Bedürfnisse des Menschen zu befriedigen?
– Ist die der Frau im sexuellen Bereich zugewiesene Zurückhaltung ein alter Zopf?
– Fehlen uns Bordelle für Frauen?

Zugegeben: Harte und provokative Fragen, die zeigen, dass auf dem Gebiet der Sexualität einiges in Bewegung ist. Man weiss heute auch, dass viele, sogar namhafte Psychiater und Psychotherapeuten, mit ihren Patientinnen während der Behandlung sexuelle Beziehungen eingehen. Das geht sogar so weit, dass die von der Patientin und zum erheblichen Teil von der Krankenkasse bezahlten Therapiestunden zu einem Rendez-vous im Bett ausarten. Das Rollenverständnis der Beteiligten ist dabei sehr unterschiedlich. Die Patientin glaubt am Anfang, durch Eingehen sexueller Beziehungen ihre Probleme überwinden zu können. Durch geschickte und feinfühlige Behandlung durch den Psychiater, der auf die Patientin und ihren Körper eingeht, trifft in den meisten Fällen tatsächlich eine Änderung des Sexualverhaltens der Patientin ein. Diese Änderung macht sich zunächst gegenüber dem Psychiater bemerkbar, während die Beziehung zum Ehemann bzw. Lebenspartner fast gleich bleibt, nicht zuletzt dann, wenn dieser in die Therapie nicht miteinbezogen wird.

Zwangsläufig entfaltet die Patientin dem verständnisvollen, gut zuhörenden und auf ihren Körper ohne Hast eingehenden Psychiater gegenüber starke Gefühle, die von ihr als ›Liebe‹ empfunden werden. Sie geht also in der Woche ein- bis zweimal nicht mehr zu ihrem Psychiater, sondern zu ihrem Liebhaber. Anders ist das Verhältnis des Psychiaters zu seiner Patientin. Sie ist eine von vielen. Der Anwendung dieser Therapiemethode sind allerdings durch die körperliche Leistungsfähigkeit des Therapeuten Grenzen gezogen. Dass er bei der Auswahl der Patientinnen, bei denen er diese ›Behandlungsmethode‹ anwendet, seinen persönlichen Eros konsultiert, ist nicht nur eine Vermutung, sondern eine unbestrittene Tatsache, die durch diverse Untersuchungen belegt wurde. Für ihn ist die Patientin weder eine Geliebte noch eine Freundin; sie ist und bleibt auch als Bettpartnerin die Patientin, die sich behandeln lässt und dafür bezahlt. Dass er dabei seine eigenen sexuellen Probleme zu lösen versucht, statt diejenigen der Patientin und sich dafür sogar bezahlen lässt, lässt ihn moralisch nicht einmal mit einer Prostituierten vergleichen. Die Letztere übt ihr ›Gewerbe‹ offen und nicht unter dem Deckmantel einer ›Therapie‹ aus. Diese einseitige Gefühlsbindung der Patientin an den Therapeuten schafft neue Spannungen. Die aus ihrem ›frigiden‹ Gleichgewicht gebrachte Patientin beginnt zu fordern; sie will, dass ihr der Therapeut echte Zuneigung entgegenbringt. Für den Psychiater läuten spätestens jetzt die Alarmglocken. Für ihn ist es höchste Zeit, die Therapie abzubrechen. Im Schlussbericht, wenn überhaupt ein solcher existiert, heisst es, ›die Patientin ist weitgehend geheilt. Die Fortsetzung der Therapie ist nicht mehr nötig‹.

Für die Patientin hingegen bricht eine Welt zusammen. Sie fällt in eine echte Depression, welche eine Psychotherapie erst recht notwendig macht.

Fall X.Y.

Das folgende Beispiel ist der Praxis entnommen. Mit Rücksicht auf die Persönlichkeit der Patientin und ihre Familie wurden gewisse geringfügige Änderungen vorgenommen.

Frau X. litt unter Depressionen. Ihr Ehemann übt einen anspruchsvollen, gesellschaftlich sehr angesehenen Beruf aus, der ihm eine zeitlich geregelte Lebensführung verunmöglicht. Herr X., der seinen Beruf und seine Frau sehr liebt, war damit einverstanden, dass sich seine Frau zur Überwindung der Depressionen in die Therapie des Psychiaters Dr. N. begab.

Die Therapie brachte anfänglich grosse Erfolge; Frau X.Y. wurde fröhlicher und lebenslustiger, nahm mit Freude an den gesellschaftlichen Anlässen teil, die der Beruf des Ehemannes mit sich brachte. Ihr Psychiater war ein Anhänger jener Theorie, die den Beischlaf als Mittel der Psychotherapie befürwortet. So entwickelten sich zwischen Frau X. und dem Psychiater sexuelle Beziehungen. Von einer eigentlichen Therapie konnte mit der Zeit nicht mehr gesprochen werden.

Das Interesse des Arztes an Frau X. liess allmählich nach; es entstanden neue, immer grösser werdende Spannungen innerhalb dieser Zweierbeziehung, so dass der Psychiater die Therapie abbrach. Frau X. wurde davon so stark betroffen, dass sie einige Monate in einer psychiatrischen Klinik stationär behandelt werden musste.

Der Ehemann erfuhr dadurch vom eigentlichen Inhalt dieser ›Therapie‹. Er hielt zu seiner Frau und forderte vom Arzt Schadenersatz und Genugtuung für sie. Die Haftpflichtversicherung des Arztes anerkannte nach anfänglichem Zögern die Haftung, weil, nach der herrschenden Auffassung, innerhalb der psychiatrischen Wissenschaft, der Beischlaf als Therapiemittel entschieden abgelehnt wird. Es war überflüssig, ein Gutachten darüber einzuholen, weil die Publikationen der bekannten Psychiater diesen Grundsatz ganz klar zum Ausdruck bringen. Die Haftpflichtversicherung übernahm die Kosten der stationären

Behandlung in der psychiatrischen Klinik und bezahlte Frau X. Y. eine angemessene Genugtuungssumme.

Anmerkungen

Die in der Einleitung gestellten Fragen wurden durch dieses Beispiel nicht beantwortet. Es steht lediglich fest, dass der Beischlaf des Psychotherapeuten mit der Patientin zu Therapiezwekken einen Kunstfehler darstellt.

Durch Verbote und Schadenersatzdrohungen lässt sich allerdings dieses Phänomen der Psychotherapie nicht aus der Welt schaffen. Denn die moderne Psychiatrie bemüht sich, den Sex aus dem tabuisierten Schlafzimmer der Samstagsnächte herauszuholen und ihn in seiner ganzen Komplexität zu begreifen bzw. begreifen zu helfen. Das setzt Offenheit und Überwindung der angeborenen(?) oder anerzogenen(?) Hemmungen voraus. Dort, wo diese Offenheit der Patientin vom Psychotherapeuten zur Überwindung eigener sexueller Schwierigkeiten missbraucht wird, erweist er nicht nur seiner Patientin, sondern auch der psychiatrischen Wissenschaft einen schlechten Dienst, weil durch solche Beispiele ihre Glaubwürdigkeit und Objektivität in Frage gestellt wird.

Es ist offenbar unvermeidlich, dass die Patientin und der Therapeut (der umgekehrte Fall Patient/Therapeutin scheint sehr selten vorzukommen) gegenseitig sexuelle Gefühle und Phantasien entwickeln. Der Therapeut muss diese Phantasien auffangen und in die Therapie miteinbeziehen, bearbeiten. Untersuchungen sollen übrigens ergeben haben, dass die meisten Therapeuten eine Vorliebe für junge attraktive Frauen haben, während ältere und weniger attraktive Patientinnen von dieser Therapieform verschont bleiben.

Zahlt die Patientin für die Therapiestunde, in der der Geschlechtsverkehr vollzogen wurde, ein Honorar an den Psychotherapeuten, so hat sie keinen Anspruch auf die Rückerstattung dieses Betrages. Das ›Honorar‹ wäre in diesem Fall juristisch wie der Dirnenlohn zu behandeln, d. h. es ist gerichtlich nicht durchsetzbar und, einmal bezahlt, nicht rückerstattungspflichtig.

Wurde das Honorar ganz oder teilweise durch die Krankenkasse bzw. die Privatversicherung übernommen, so liegt ein Versicherungsbetrug vor, der strafrechtlich geahndet werden kann. Es geht nicht an, dass die Krankenkasse bzw. die übrigen Prämienzahler und nicht zuletzt die Steuerpflichtigen dem Psychotherapeuten noch sein Privatvergnügen honorieren. Denn er gibt wissentlich falsch an, diese Methode zu Therapiezwecken anzuwenden, obwohl dies nach der massgebenden Auffassung nicht zutrifft. Er kassiert das Honorar unter arglistiger Vorspiegelung von Tatsachen, die den Versicherungsträger irreführen.

Der berühmte Schüler und Gegenspieler Freuds, Carl Gustav Jung, hatte offenbar nichts dagegen, mit einer Patientin sexuelle Beziehungen zu unterhalten und dafür auf sein Honorar zu verzichten. Das folgende Zitat (Wolfgang Schmidbauer: ›Helfen als Beruf‹, Rowohlt Verlag 1983, Hamburg, 1. Auflage) möchte den Leser zum Nachdenken anregen: ›Sabina Spielrein, Tochter reicher Juden, die in Rostow am Don lebten, erkrankte mit 14 Jahren an ›Hysterie‹ mit psychotischen Episoden. Mit 19 Jahren, 1904, kam sie ins Spital Burghölzli nach Zürich, wo sie von Carl Gustav Jung behandelt wurde. Dieser hielt nach den zehn Monaten, die sie in der Klinik war, weiterhin mit ihr Kontakt. Daraus wurde endlich auch eine sexuelle Beziehung. Jung war seit 1903 verheiratet, aber er blieb nicht unempfänglich für die leidenschaftliche Liebe der jungen Russin und wurde so der erste Mann in ihrem Leben. Es begann nun eine Intrige, die bis heute nicht ganz aufgeklärt ist. Jedenfalls wurden verschiedene aussenstehende Personen und endlich auch Freud in diese Affäre hineingezogen. Sabina vermutete, dass Jungs Frau Emma an ihre Mutter einen anonymen Brief richtete: sie solle ›ihre Tochter retten, da sie sonst durch Dr. Jung zugrunde gerichtet wird‹. Die Mutter schrieb daraufhin an Jung, der sich mit folgendem Argument aus der Affäre zog: Da er in den letzten Jahren kein Honorar mehr erhalten habe, sei er auch nicht der Arzt, sondern der Freund der Patientin. Sonderbarerweise erklärte Jung diese Situation auch für umkehrbar: Wenn ihm Sabinas Mutter Geld gebe, könne sie auch sicher sein, dass er ihre Tochter in Frieden lasse: ›Damit sind Sie absolut sicher, daß ich meine Pflicht als Arzt unter allen Umständen respektieren werde ... Mein Honorar beträgt fr. 10 pro Konsultation ...‹ Fr. 10.– pro Konsultation! Eine stolze Summe für 1904. Und eine beachtenswerte Logik: Entweder Fr. 10.– pro Konsultation oder Beischlaf mit der Tochter als Honorarersatz.

Es mag Psychiater und Psychotherapeuten geben, die mit guten Gründen an den therapeutischen Erfolg sexueller Beziehungen mit ihren Patienten glauben. Wenn sie diese Methode unbedingt anwenden wollen, so sind sie rechtlich verpflichtet, ihre Patienten darüber aufzuklären, dass

1. diese Tätigkeit nicht mehr in den offiziellen Therapieplan, sondern in die Privatsphäre gehört;
2. sie die Sexualität aus Überzeugung als Therapiemittel einsetzen und diese Beziehung nicht als dauerhaftes Liebesverhältnis betrachten;
3. sie rechtlich keinen Anspruch auf Honorierung haben.

Unterbleibt diese Aufklärung, so macht sich der Psychotherapeut wie erwähnt des Versicherungsbetruges schuldig. Er wird darüber hinaus zivilrechtlich für den durch diese sexuellen Beziehungen dem Patienten entstandenen Schaden haftbar.

Fall D. X.

Auch das Bundesgericht hat sich mit den *Folgen* des Geschlechtsverkehrs zwischen einer Patientin und dem behandelnden Psychiater auseinandergesetzt. Das folgende Beispiel ist einem publizierten Urteil entnommen:

Zitat ›Im Jahre 1956 wurde die damals 17jährige Doris X. von ihrem Vater wegen schwerer psychischer Störungen im Zusammenhang mit der Pubertät in einem privaten Nervensanatorium untergebracht. Sie befand sich dort vom 2. Juni bis zum 18. August und wurde vom Assistenzarzt Dr. Y., Spezialarzt FMH für

Psychiatrie, behandelt. Zwischen dem 33jährigen, verheirateten Arzt und der Patientin entspann sich ein Liebesverhältnis. Die beiden umarmten und küssten einander im Sprechzimmer des Arztes wie auch auf Ausflügen, die sie gemeinsam im Auto des Arztes unternahmen. Im Sprechzimmer wies der Arzt die Patientin an, auf einer Couch abzuliegen, und legte sich auf sie. Zum Geschlechtsverkehr kam es jedoch während des Sanatoriumsaufenthaltes der Patientin noch nicht. Dagegen fassten die beiden den Plan, miteinander eine Ferienreise zu machen. Nachher sollte Doris X. zur ambulanten Behandlung in das Sanatorium zurückkehren und sich von dort aus zur Arztgehilfin ausbilden lassen.

Am 18. August 1956 wurde Doris X. aus dem Sanatorium nach Hause entlassen, da sich ihr Gesundheitszustand gebessert habe. *Auf Empfehlung des behandelnden Arztes* hatte sich Vater X. damit einverstanden erklärt, seine Tochter allein eine Ferienreise nach Italien machen zu lassen. In Wirklichkeit trafen sich Doris X. und der Arzt am 23. August 1956 abredegemäss in Arth-Goldau und unternahmen im Auto des Arztes eine dreiwöchige Reise nach Italien und Südfrankreich, auf der sie jeweils im Zelt übernachteten und öfters miteinander geschlechtlich verkehrten. Die intimen Beziehungen wurden auch nach der Rückkehr aus den Ferien in der Privatwohnung des Arztes während der Ferienabwesenheit seiner Ehefrau fortgesetzt. Mit Schreiben vom 16. September 1956, von dem weder die Anstaltsleitung noch der Chefarzt Kenntnis erhielten, teilte Dr. Y. dem Vater mit, seine Tochter habe sich aus den Ferien bei ihm zurückgemeldet; sie sei in sehr gutem Zustand und scheine die Ferien gut benutzt zu haben. Er schlug vor, die Tochter als Arztgehilfin ausbilden zu lassen, und anerbot sich, sie weiterhin ärztlich zu betreuen.

Der Chefarzt des Sanatoriums erhielt am Tage der Rückkehr des Assistenzarztes aus den Ferien Kenntnis vom wahren Sachverhalt. Er kündigte dem Assistenten unverzüglich und lehnte es ab, Doris wieder in das Sanatorium aufzunehmen. Dr. Y. verliess im November 1956 mit seiner Familie die Schweiz und liess sich in Italien nieder. Doris X. hatte vergeblich versucht, ihn zurückzuhalten und zu überreden, sich scheiden zu lassen und sie zu heiraten. Sie verfiel deshalb von neuem in nervöse Depressionen und musste in der Zeit von Anfang Dezember 1956 bis Ende April 1957 wiederholt in verschiedenen Nervenheilanstalten zur Behandlung untergebracht werden. Am 13. März 1957 gestand sie ihrem Vater, mit Dr. Y. ein Liebesverhältnis mit intimen Beziehungen gehabt zu haben. Nachdem sich herausgestellt hatte, dass ihre ursprünglich vorgesehene Ausbildung als Lehrerin nicht mehr in Betracht komme, machte sie 1958 eine Postlehre. Hierauf war sie zunächst vollamtlich als Postgehilfin und dann vom Frühjahr 1963 bis zu ihrer Verheiratung im Frühjahr 1964 halbtägig als Privatangestellte des Posthalters auf einem Postamt tätig.

... Die Parteien sind darüber einig, dass die Beklagte den bei ihr angestellten Assistenzarzt Dr. Y. als Hilfsperson im Sinne von Art. 101 OR zur Erfüllung ihrer Vertragspflichten aus einem von ihr mit der Erstklägerin abgeschlossenen privatrechtlichen Vertrag beigezogen hat und daher für sein Verhalten einstehen muss, soweit er nicht nur bei Gelegenheit, sondern in *Ausübung seiner Verrichtungen* behandelt hat. Streitig ist dagegen, ob letztere Voraussetzung erfüllt ist.‹

Das Bundesgericht führt im folgenden weiter aus, was man rechtlich unter ›Ausübung seiner Verrichtung‹ verstehen muss und stellt dann für den konkreten Fall fest:

›Im Rahmen dieser ärztlichen Behandlung waren in positiver Hinsicht die nach anerkannten medizinischen Grundsätzen gebotenen therapeutischen Massnahmen zu treffen. In negativer Beziehung hatte alles zu unterbleiben, was den guten Erfolg der Behandlung gefährden konnte. Da die Klägerin an depressiven Störungen litt, hatte die ärztliche Behandlung darin zu bestehen, ihr psychisches Verhalten so zu beeinflussen und zu lenken, dass sie ihr seelisches Gleichgewicht zurückgewinne. Es versteht sich nun von selbst, dass der behandelnde Arzt durch die Anknüpfung eines nach den gegebenen Umständen aussichtslosen Liebesverhälnisses mit der Klägerin das mit der Behandlung angestrebte Resultat keineswegs förderte, sondern gegenteils in hohem Masse gefährdete. Sein Verhalten verletzte somit eine der Beklagten obliegende vertragliche Unterlassungspflicht und stellte darum eine schlechte Erfüllung der Schuldpflicht der Beklagten dar. Diese muss sich deshalb gemäss den oben dargelegte Grundsätzen sein Handeln wie ein eigenes anrechnen lassen.‹ **Zitat Ende**

Damit hat das Bundesgericht die Haftung der Klinik als Arbeitgeberin des Dr. Y. bejaht. Im weiteren machte die Klinik geltend, sie sei für die Ereignisse und deren Folgen in Italien nicht verantwortlich. Dazu hielt das Bundesgericht fest:

›Dieser Auffassung kann nicht beigepflichtet werden. Die ärztli- **Zitat** che Behandlung der Klägerin war mit ihrer Entlassung aus dem Sanatorium nicht abgeschlossen. Es war vorgesehen, dass die Patientin nach den Ferien wieder dorthin zurückkehre und vom Assistenzarzt auch weiterhin betreut werden sollte. Der Plan, gemeinsame Ferien zu verbringen, wurde während des Sanatoriumsaufenthaltes gefasst und liess sich nur verwirklichen, weil der behandelnde Arzt in einem Bericht und in mündlichen Besprechungen den Eltern der Klägerin empfahl, sie allein eine Ferienreise unternehmen zu lassen. Dieser Rat erfolgte also unzweifelhaft im Rahmen der ärztlichen Behandlung. Dabei war sich der Arzt nach den verbindlichen Feststellungen der Vorinstanz bewusst, dass es während der gemeinsamen Ferien zum Geschlechtsverkehr kommen werde. Auch der Bericht, den der Arzt nach der Rückkehr aus den Ferien am 16. September 1956 dem Vater der Klägerin erstattete und bestimmte therapeutische Massnahmen sowie die weitere ärztliche Betreuung der Klägerin vorschlug, zeigt deutlich, dass die ärztliche Behandlung damals noch nicht abgeschlossen war. Die Beklagte hat deshalb auch für das Verhalten ihres Angestellten *während der Ferienreise* und nach der Rückkehr von dieser einzustehen‹ (BGE 92 II 15 ff.). **Zitat Ende**

Das Bundesgericht hob das Urteil des Kantonalen Obergerichtes auf und wies es an, zu prüfen, ›ob und inwieweit ein rechtserheblicher Kausalzusammenhang besteht zwischen dem Verhalten des behandelnden Arztes und den von der Klägerin behaupteten Schadensfolgen (Notwendigkeit weiterer psychiatrischer Behandlung und weiterer Anstaltsaufenthalte der Klägerin, Beeinträchtigung derselben in ihrer Berufswahl usw.)‹.

Anmerkungen

Es geht aus dem publizierten Urteil nicht hervor, ob der Arzt für den Beischlaf die Psychotherapie zum Vorwand nahm. Auf der anderen Seite steht aber fest, dass die junge Patientin pubertäre Probleme hatte, die der Arzt ›auf seine Art‹ behandelte. Es ist kaum zu bezweifeln, dass er seine Stellung, die ihm a priori Autorität und Vertrauen verleiht, missbraucht hat.

Man darf auch das Ausmass der Folgen eines solchen fragwürdigen Experimentes nicht unterschätzen. Strafrechtlich wurde der Arzt zu 5 Monaten Gefängnis verurteilt. Zivilrechtlich ist der weitere Verlauf der Klage nicht bekannt. Sollte aber das Obergericht, an welches das Bundesgericht die Sache zurückwies, festgestellt haben, dass die Aufgabe der ursprünglichen Berufspläne der Patientin mit diesem Ereignis in einem kausalen Zusammenhang stand, so dürfte der Schaden mehr als eine viertel Million Schweizerfranken ausgemacht haben.

Narkosevorfälle

Durch die zahlreichen Publikationen in der Tagespresse über spektakuläre Narkosevorfälle ist der Patient verunsichert. Die Angst vor der Narkose scheint grösser und weitverbreiteter zu sein, als vor der Operation selbst. Doch dazu besteht keine Veranlassung. Denn die heutige Chirurgie ist ohne Narkose schlechthin nicht denkbar. Täglich werden Hunderte von Patienten operiert und anästhesiert, ohne dass jeden Tag ein Patient stirbt. Doch ist auch ein einziger toter Patient zuviel, wenn der Tod auf die Unsorgfalt des Anästhesisten oder des Chirurgen, falls er die Narkose selbst vornimmt, zurückzuführen ist.

Lokalanästhesievorfälle

Es ist der Mehrheit der Bevölkerung nicht bekannt, dass auch die Lokalanästhesie, nicht nur die Vollnarkose, tödlich sein kann, wenn der Arzt das Alter und die körperliche Verfassung des Patienten, das zu applizierende Mittel und dessen Dosierung nicht genau abklärt bzw. berücksichtigt. Der medizinischen Wissenschaft sind solche Fälle wohlbekannt. Es besteht sogar eine Doktorarbeit darüber, die nach der ausdrücklichen Anweisung des Verfassers im Vorwort nicht zitiert werden darf[1]!

---
1 Felix W. Lutz: Medizinisch-forensische Analyse von tödlichen und nichttödlichen Zwischenfällen nach ärztlicher Anwendung von Lokalanästhetika. Diss.-Med. Juris Druck Zürich, 1970.

Die Dunkelziffer solcher Lokalanästhesiezwischenfälle scheint recht hoch zu sein. In einem Privatgespräch erzählte ein Anästhesist dem Schreibenden folgende Geschichte, die jener persönlich mitverfolgt hatte:

Einem über 60 Jahre alten Patienten sollte in einem Regionalspital eine Warze an der linken Hand entfernt werden. Der Chirurg hielt es nicht für nötig, für diesen kleinen Eingriff einen Anästhesisten zu konsultieren. Er injizierte dem Patienten das Lokalanästhetikum Epontol (propanidid). Der Patient bekam einen Kreislaufkollaps und starb. Die Hinterbliebenen wurden über die Todesursache nicht aufgeklärt. Es wurde ihnen gesagt, dass der Patient an Herzstillstand gestorben sei.

Nach einigen Monaten besuchte ein Vertreter der Herstellerfirma des eben erwähnten Präparates die Ärzte jener Region, um sie über ihre Erfahrungen und Beobachtungen darüber zu befragen. Im Spital erwähnte man mit keinem Wort diesen ›Zwischenfall‹. Als der Vertreter einen freipraktizierenden Arzt im Dorf nach seinen Erfahrungen mit diesem Medikament fragte, sagte dieser, im Spital sei vor einigen Monaten ein Patient durch einen ›Zwischenfall‹ gestorben. Er möge sich an den Chefarzt des Spitals wenden. Als der Pharmavertreter den Chefarzt darauf ansprach, wollte dieser zunächst wissen, von wem er die Information erhalten habe. Nachdem ihm dies mitgeteilt wurde, verneinte er einen solchen Zwischenfall und sagte, der Arzt im Dorf habe wohl einen schlechten Witz machen wollen.

Nach dem Weggang des Pharmavertreters liess der Chefarzt seinen Oberarzt kommen, von dem er wusste, dass dieser mit dem im Dorf freipraktizierenden Arzt befreundet war. Der Oberarzt bekannte sich dazu, die Information an seinen Kollegen weitergegeben zu haben. Der Chefarzt sorgte dafür, dass dieser Oberarzt *fristlos* entlassen wurde.

Wieviele Patienten in unseren Spitälern an solchen ›Herzstillständen‹ sterben, wissen die Götter. Die Ursache des Todes ist Herzstillstand. Was ist die Ursache des Herzstillstandes?

Bei der Lokalanästhesie gibt es neben den Todesfällen zwei weitere Arten von Schädigungen, die am häufigsten anzutreffen sind; Infektionen und Nervenverletzungen, wobei letztere ebenfalls durch Abszessbildung infolge Infektion hervorgerufen werden können.

Fall N.P.

Herr N.P. war überzeugt davon, im Spital durch eine Injektion geschädigt worden zu sein. Er forderte seine Krankenkasse auf, die Rechnungen des Spitals nicht zu bezahlen, weil diese nach seiner Auffassung von der Haftpflichtversicherung des Spitals übernommen werden müssten. Nach seinen diversen schriftlichen Anfragen schaltete sich der Vertrauensarzt der Krankenkasse ein und schrieb an den Chefarzt des Spitals den folgenden Brief:

›Sehr geehrter Herr Kollege, **Zitat**
Am 7. Juni 1977 wurde zur Vornahme einer Prostata-Elektroresektion eine Lumbalanästhesie vorgenommen, welche aber misslang. Dagegen ist bei diesem Versuch in der Höhe L2/L3 in der Paravertebralmuskulatur ein Abszess gesetzt worden, der später durch das Ligamentum flavum in den Epiduralraum durchgebrochen ist und sich dort von L2 bis S1 erstreckte. Wegen eines septischen Zustandes und (Durchwanderungs-)-Meningitis wurde der schwerkranke Patient am 8. Sept. wieder in der Medizin des KS hospitalisiert und von dort am 13. Oktober in die Chirurgische Klinik B des KS Zürich verlegt, wo der Epiduralabszess durch den Neurochirurgen saniert wurde.
In meiner Eigenschaft als Medizinischer Berater der Krankenkasse F., welcher Herr N. angehört, erhalte ich vom Patienten eine Reihe von Berichtskopien, aus denen der causale Zusammenhang zwischen der paravertebralen Injektion vom 7.6.1977 und den seit Anfang September nötig gewordenen medizinischen Massnahmen deutlich hervorzugehen scheint. Herr N.P. stellt sich auf den Standpunkt, dass am 7. Juni ein Kunstfehler passiert sei, für welchen der Urheber haftpflichtig sei. Er stellt den Antrag, dass die Krankenkasse die Kosten ab 8.9.1977 nicht

übernehme, sondern dass damit die Haftpflichtversicherung des Spitals belastet werde.

Darf ich Sie bitten, verehrter Kollege, wie Sie sich zum Antrag des Herrn N. stellen.

Zitat Ende Mit vorzüglicher kollegialer Hochachtung.‹

Hinzuzufügen wäre, dass der Patient seither unter Stuhl- und Urininkontinenz leidet, d. h. er muss wie ein neugeborenes Kind Windeln tragen.

Ein von der Haftpflichtversicherung des Spitals in Auftrag gegebenes Gutachten verneinte die Haftung des Spitales. Der Patient begab sich daraufhin auf eigene Kosten zu Prof. Hackethal nach Hamburg. Dieser schreibt in seinem Kurzbericht vom 3. 8. 1981:

Zitat ›1. Nach den vorgelegten Unterlagen ist das Cauda-Lähmungs- und Reizsyndrom Folge eines epiduralen Abszesses, der im Anschluss an eine (missglückte) Lumbal-Anästhesie eintrat.

2. In aller Regel kommt es zu einem solchen Abszess nur bei einem grossen Verstoss gegen die Asepsis. Es ist (weit) überwiegend wahrscheinlich, dass dafür ein schuldhafter Arztfehler (= **Zitat Ende** Kunstfehler) verantwortlich ist.‹

Diese knappe Beurteilung des von seinen Kollegen heftig attackierten Mediziners wird durch eine Publikation eines der bekannten Anästhesisten in der Bundesrepublik Deutschland bestätigt. Es heisst darin: ›Das Risiko der Infektion sollte unter normalen Bedingungen eigentlich auszuschliessen sein. Die häufigste Ursache hierfür ist fast immer die – vermeidbare – mangelnde Asepsis. Dies beinhaltet nicht nur die entsprechende Behandlung der Haut des Patienten im Injektionsbereich, sondern auch das eigene Arbeiten unter chirurgisch-aseptischen Bedingungen‹[1].

---

1 Prof. H. Nolte in ›Praktische Anästhesie, Wiederbelebung und Intensivtherapie‹, Heft 5, 1978, Seite 353 ff.

Die Gerichte haben bis jetzt die Haftung für den im Zusammenhang mit einer Spritze verursachten Schaden sehr zurückhaltend beurteilt. Sie sahen davon ab, sich mit den medizinischen Anforderungen an die aseptischen Bedingungen auseinanderzusetzen. Sie beschränkten sich auf die juristisch einfache Frage der Beweislastverteilung. Das folgende Urteil des Genfer Obergerichtes illustriert die Haltung der Gerichte:

> ›Das Rechtsverhältnis zwischen dem Arzt und seinem Patienten beurteilt sich in der Regel nach den Bestimmungen über den Auftrag. Der Arzt haftet nur dann, wenn ihm ein Verschulden, d.h. eine den medizinischen Regeln nicht entsprechende Behandlung nachgewiesen wird. Der Beweis dafür ist nicht schon dann geleistet, wenn als Folge einer Coramin-Einspritzung sich ein Abszess bildet. Es müsste zudem noch dargetan sein, dass entweder die angewandte Behandlung kontraindiziert war oder dass der Arzt eine nicht gehörig desinfizierte Spritze angewendet oder er die betreffende Hautstelle nicht gehörig gereinigt hatte. Im vorliegenden Falle ist weder das eine noch das andere dargetan, auch nicht etwa, dass der Klägerin, die an einer Herzstörung litt, die Einspritzung wider ihren Willen, also gewaltsam, gemacht worden sei. (Genève, Cour de justice, 21. 5. 1954, abgedruckt in der Schweizerischen Juristenzeitung 1956, Seite 114.)

Anmerkungen

Angesichts der nicht gerade patientenfreundlichen strengen Rechtsprechung des Bundesgerichtes sowie aufgrund der persönlichen Situation wollte der Patient im ersten Beispiel (Fall N. P., S. 121ff.) gegen das Spital keine Klage einleiten. Ob er den Prozess gewonnen hätte, lässt sich nicht beantworten. Fest steht allerdings, dass er den Prozess auf jeden Fall verloren hätte, wenn sich das Gericht der Auffassung des Genfer Gerichtes angeschlossen hätte.

Man darf heute davon ausgehen, dass das Urteil des Genfer Obergerichtes überholt ist. Dieses Urteil bürdet dem Patienten die Beweislast auf. Danach muss also der Patient beweisen, dass der Arzt eine der zahlreichen Asepsisregeln verletzt hat. Der Patient wäre aber dazu nur dann in der Lage, wenn er selbst ein gutausgebildeter Anästhesist wäre. Er könnte dann aussagen, in welchem Stadium der Injektionsvorbereitung und Applizierung welche Asepsisregel verletzt wurde. Beweisen könnte er diese Aussage allerdings auch nicht, weil die Gegenpartei sie als Behauptung des Patienten sofort in Abrede stellen würde. Dann würde Aussage gegen Aussage stehen. Denn wie soll der Patient z. B. beweisen, dass der Arzt bzw. seine Hilfsperson die Haut vor der Injektion nicht nach den üblichen Regeln gereinigt habe?

Da aber der Patient in der Regel kein Anästhesist ist und von den Asepsisregeln keine grosse Ahnung hat, wird er nicht einmal in der Lage sein, konkret aussagen zu können, welche Regeln nun vom Arzt oder von seiner Gehilfin verletzt wurden. Diese widersinnige Beweislastverteilung zeigt, wie weit die Richter in Ärztehaftpflichtfällen von der Wirklichkeit entfernt sind. *In einem Urteil vom 15.2.1979 hat das Zürcher Obergericht die Tragweite dieser Beweislastverteilung, d.h. die Unmöglichkeit der Beweisführung für den Patienten erkannt, und die Beweislast dem Arzt auferlegt.* Hoffentlich wird sich das Bundesgericht dieser fortschrittlichen Auffassung des Zürcher Obergerichts anschliessen.

Fall U.

Aus dem Gutachten:

Zitat ›Seit längerer Zeit verspürte der Bauer U. zwischen Daumen und Zeigefinger eine derbe, kleine, haselnussgrosse Schwellung, welche infolge einer vor Jahren erlittenen Schnittverletzung auftrat. Da diese Geschwulst ihn störte, wurde sie in Plexus-Anästhesie operiert. Unmittelbar nach der Operation bemerkte **Zitat Ende** er eine Gefühllosigkeit in den Fingern I–III.‹

Die neurologische Untersuchung ergab, dass der sogenannte Plexus brachialis durch die Injektion schwer verletzt worden war. Ein von den Parteien, d. h. von der Haftpflichtversicherung des Spitals und dem Patienten in Auftrag gegebenes Gutachten zählte die Möglichkeiten der Nervenverletzungen überhaupt auf und beantwortete die Frage nach deren Ursache wie folgt:

›Worauf ist die Verletzung des Nervus medianus zurückzuführen? **Zitat**
Antwort: Zweifellos steht die Verletzung des Nervus medianus in zeitlichem und ursächlichem Zusammenhang mit der beim Patienten durchgeführten axillären Plexusanästhesie. Als Ursachen einer Nervenläsion bei Nervenblockaden allgemein, also auch bei Plexusanästhesien, kommen in Frage:
1.1. Zu hohe Konzentration des Lokalanästhetikums.
1.2. Kontamination des Lokalanästhetikums mit einer neurotoxischen Substanz (mit Desinfektionsmitteln).
1.3. Intraneurale Injektion.

(Diese drei obigen Möglichkeiten werden im konkreten Fall vom Gutachter verneint.)

1.4. Schädigung des Nervs durch direkten Nadelkontakt.‹ **Zitat Ende**

Der Gutachter findet also, dass der Nerv sicher durch die Nadelspitze beschädigt worden ist. Sehr wahrscheinlich sei es dabei zu einer geringen Blutung in den Nerv gekommen. Diese Blutung habe dann wahrscheinlich zur Schädigung einzelner Nervenfasern geführt. Es sei jedoch nach seiner Auffassung kein Kunstfehler, wenn der Anästhesist bei der Suche des Nervs mit der Nadelspitze auf ihn treffe und ihn damit schädige.

Trotz dieses klaren Kausalzusammenhanges zwischen der Injektion und der Verletzung des nervus medianus musste der Patient seinen recht erheblichen Schaden, weit über Fr. 100000.– selber tragen, weil er das enorme Prozessrisiko nicht auf sich nehmen konnte.

Anmerkungen

Es ist oft zu beobachten, dass die meisten Patienten nach einem negativen Gutachten resignieren und das Prozessrisiko nicht eingehen wollen. Das hat zwei Gründe: Erstens können sie sich einen Prozess finanziell nicht leisten, zweitens sind sie überzeugt davon, dass sie zu schwach sind, um gegen die mächtigen Ärzte überhaupt je einen Prozess gewinnen zu können.

Die Vollnarkose und ihre Gefahren

Die Vollnarkose, vor der die Patienten am meisten Angst haben, ist in der Tat ein schwerer Eingriff in den menschlichen Körper. Sie ist aber von der modernen Chirurgie nicht wegzudenken. Jeder Patient hat mit ihr bzw. ihren Gefahren fertig zu werden.

Doch sind die Gefahren der Vollnarkose in der Regel kalkulierbar und somit auch vermeidbar. Wenn ein Patient durch die Vollnarkose geschädigt oder gar getötet wird, ist meistens menschliches Versagen dafür verantwortlich.

Ein solches menschliches Versagen führt aber nicht immer zum Tode des Patienten, der dann natürlich die Massenmedien, die Politiker und überhaupt alle Gemüter erregt. Sehr oft sind es irreversible Hirnschädigungen leichten bis schweren Grades, die, dem Laien als solche nicht erkennbar, von einer Vollnarkose zurückbleiben können. Der Sauerstoffmangel während der Operation kann die äusseren Hirnzellen, welche vor allem für das Frischgedächtnis und die Konzentrationsfähigkeit zuständig sind, für immer schädigen.

Doch entdecken nicht alle Patienten diese Einschränkung ihrer Hirnleistungsfunktionen. Weil sie diese Schädigungen nicht immer sofort wahrnehmen, realisieren sie nicht, dass die Vollnarkose dafür verantwortlich sein könnte.

Die schweren Schädigungen des Hirns oder gar der Tod des Patienten durch die Vollnarkose lassen sich dagegen nur bedingt kaschieren. In solchen Fällen sei den nächsten Verwandten oder Hinterbliebenen eines Patienten empfohlen, sich nicht mit der

Erklärung der Ärzte zufrieden zu geben, der Patient sei an ›Herzstillstand‹ gestorben. Der Tod eines Patienten auf dem Operationstisch ist immer verdächtig. Die Hinterbliebenen des Patienten sollten daher den Operationsbericht und den Bericht des Anästhesisten verlangen und zudem den Chirurgen fragen, ob er die Frage der Operabilität vor der Operation abgeklärt habe. Denn die Gefahr, den Operationstisch nicht lebend zu verlassen, besteht bereits vor der Operation bzw. vor der Einleitung der Narkose. Was heute noch leider viel zu wenig beachtet wird, ist die Abklärung der *Operabilität* eines Patienten. Der Chirurg und der Anästhesist müssen sich gemeinsam diese Frage stellen und beantworten. Sie sind aber oft fachlich überfordert, die Operabilität selbst abzuklären. In solchen Fällen sind sie verpflichtet, nach den für die Diagnosestellung entwickelten Grundsätzen weitere Fachärzte zu Rate zu ziehen. Erst wenn Gewissheit darüber besteht, dass die körperliche Verfassung des Patienten die vorgesehene Operation überstehen wird, darf der Chirurg zur Tat schreiten.

Natürlich gibt es Notfälle, bei denen mit der Abklärung der Operabilität nicht lange zugewartet werden kann. Hier hat der verantwortliche Arzt nach pflichtgemässem Ermessen eine Güterabwägung vorzunehmen und zu entscheiden, ob der Patient operiert oder konservativ behandelt werden soll.

Wenn diese Abklärung unterbleibt und der Körper die Belastungen der vorgesehenen Operation nicht verkraftet, d. h., wenn der Patient auf dem Operationstisch stirbt oder schwer geschädigt zurückbleibt, ist es immer schwierig, dem Chirurgen oder dem Narkosearzt einen *operationstechnischen Fehler* vorzuwerfen. Eine fahrlässige Tötung lege artis?

Fall N.W.

Der 22jährige Patient, Herr N. W., hatte eine krumme Nasenscheidewand, die ihn beim Atmen störte. Auf Anraten der Ärzte entschloss er sich, die Nasenscheidewand chirurgisch begradigen zu lassen.

Kerngesund trat er Anfang Juni 1980 ins Spital ein und wurde am nächsten Tag operiert. Die Operation dauerte eine bis anderthalb Stunden länger als üblich, weil der Assistenzarzt zum ersten Mal eine solche Operation durchführte.

Die Narkoseärztin (eine Assistenzärztin) gab dem Patienten zunächst 10 mg Valium und 0,5 mg Atropin. Danach zur Einleitung der Narkose 20 mg Valium und 10 mg Fentanyl. Bei Operationsbeginn erhielt der Patient nochmals 6 mg Fentanyl.

Nach der erfolgreichen Operation wurde der Patient in den Wachsaal gebracht. Er war wach und sprach mit der Schwester und der Ärztin. Er stieg sogar vom Operationstisch auf sein Bett um. Die Anästhesieärztin sagte zu einer der Schwestern im Wachsaal, sie habe dem Patienten eine Valium-Kombinationsnarkose verabreicht. Eine spezielle Atemüberwachung ordnete sie nicht an und ging zum Mittagessen. Nach ca. 25 Minuten erlitt der Patient einen Atem- und Herzstillstand. Er wurde zwar wiederbelebt, starb aber trotzdem 3 Tage später.

Die Strafuntersuchung förderte einige interessante Details zutage. Die folgenden Zitate stammen aus den Protokollen der Strafuntersuchungsbehörden.

Die Einvernahme der Narkose-Assistenzärztin:

Zitat Untersuchungsrichter (UR): ›Sind Sie bei Eintritt in die ORL-Klinik von jemandem mit den Besonderheiten der Valium-Fentanyl-Narkose vertraut gemacht worden?

Assistenzärztin (Ae): Nicht speziell. Es war mir aber von allem Anfang an klar, dass Fentanyl zu Atemdepressionen führt. Bei Kollegen habe ich die üblichen Einleitung- und Erhaltungsdosierungen erfragt.

UR: Wie gut kennen Sie die Schwestern im Wachsaal?

Ae: Es sind mir einfach beide Gesichter bekannt. Ich habe mich nicht explizite versichert, ob diese beiden Schwestern mit den möglichen Komplikationen einer Valium-Fentanyl-Narkose vertraut sind.

UR: Wurden Sie von Ihrem Vorgesetzten nicht angewiesen, die Schwester zu instruieren?

Ae: Ich habe nie die Weisung erhalten, die Wachsaalschwester im Falle einer Valium-Fentanyl-Narkose speziell zu einer Überwachung der Atmung anzuhalten.‹ **Zitat Ende**

Die Einvernahme der Wachsaalschwester A.:

›UR: Sind von der Narkoseärztin oder vom Pfleger irgendwelche **Zitat** Anweisungen gegeben worden?
Sr. A.: Die Schwester B. hat den Patienten von der Narkoseärztin übernommen. Als die Narkoseärztin den Wachsaal verliess und an meinem Schreibtisch vorbeikam, sagte sie, es sei eine Valium-Kombinations-Narkose gewesen.
UR: Was bedeutet diese Bemerkung für Sie?
Sr. A.: Diese Bemerkung bedeutet für mich eigentlich nichts besonderes, weil diese Narkoseart bei gleichartigen Operationen immer angewendet wird.‹ **Zitat Ende**

Schwester B., die im fraglichen Zeitpunkt ebenfalls im Wachsaal anwesend war, sagte auf Anfrage, dass sie keine Instruktionen erhalten habe, weil für sie der Patient N.W. in allen Belangen ein problemloser Patient gewesen sei. Der Untersuchungsrichter fragte auch Schwester C., die kurz vor der Einlieferung des Patienten in den Wachsaal von Schwester A. abgelöst wurde:

UR: Gibt es schriftliche Anweisungen über das Verhalten der **Zitat** Wachsaal-Aufsicht?
Sr. C.: Es gibt schriftliche Weisungen von Schwester L. Es handelt sich um handgeschriebene Aufzeichnungen, die im Schreibpult des Wachsaales liegen. In diesem Heft steht u. a. auch etwas über die Valium-Kombinations-Narkose.
UR: Was bedeutet für Sie die Bemerkung des Narkoseteams, dass eine Valium-Kombinations-Narkose angewendet worden sei?
Sr. C.: Dies bedeutet für mich schon eine etwas erhöhte Aufmerksamkeit. Ich würde diesen Patienten auch vermehrt beobachten, wenn er bereits wach wäre.

UR: Warum würden Sie das tun?

Sr. C.: Seit ich im Kantonsspital arbeite, habe ich mehrheitlich Patienten zu überwachen, die mit einer Valium-Kombinations-Narkose behandelt wurden. Ich habe mich bei einem Narkosearzt erkundigt und dieser hat mir von den Gefahren, die auftreten können, erzählt. Ich weiss deshalb, dass mit den verwendeten Medikamenten auch noch eine halbe Stunde nach dem eigentlichen Erwachen Schwierigkeiten auftreten können. Es ist schwer zu sagen, was ich in der Situation N. getan hätte. Sicher ist, dass ich gut auf den Patienten aufgepasst, ihn möglicherweise am Bett überwacht hätte. Dies wäre aber nur möglich, wenn die anderen noch vorhandenen Patienten keine Schwierigkeiten machen würden. Vielleicht reagiere ich als ‚Anfängerin' in dieser Klinik noch etwas anders als die routinierteren Schwestern.

UR: Sind in der Zwischenzeit neue Weisungen über das Verhalten des Pflegepersonals im Wachsaal gegeben worden?

Sr. C.: Mir ist nichts bekannt. Ich kenne nur die erwähnten schriftlichen Weisungen von Schwester L.

UR: Haben Sie im Wachsaal schon ähnliche Vorfälle erlebt?

Sr. C.: Ich kann mich an einen Fall erinnern. Es handelte sich damals um eine Frau, die mit der gleichen Narkoseart behandelt wurde. Als sie in den Wachsaal gebracht wurde, war sie wach und sie reagierte ganz spontan. Niemand erwartete irgendwelche Schwierigkeiten. Plötzlich kam es dann zum Atemstillstand. Die Patientin ist mit dem Ambu-Beutel beatmet worden und Schwester L. hat auf Anordnung von Dr. A. Narkan gespritzt. Die Atmung hat dann nach wenigen Augenblicken wieder eingesetzt und es kam nicht zu einem Herzstillstand. Ich kann nicht sagen, ob dieser Zwischenfall in die Krankengeschichte eingetragen worden ist. Andere Fäle sind mir nicht bekannt. Der von mir geschilderte Zwischenfall könnte sich Anfang Mai ereignet haben.‹

Zitat Ende

Nachzutragen bleibt, dass Schwester A. von ihrer Kollegin, Abteilungsschwester D., im Wachsaal besucht wurde. Die beiden haben sich kurz(?) unterhalten. Während oder am Ende dieser Unterhaltung trat der Atemstillstand bei Herrn N. ein.

Der Untersuchungsrichter befragte auch den Leiter der Anästhesieabteilung der betreffenden Klinik:

UR: ›Hatten Sie je Komplikationen im Zusammenhang mit Valium-Fentanyl-Narkosen, sind insbesondere schon früher Atemstillstände postoperativ vorgekommen? *Zitat*

Dr. L.: Die wichtigste Komplikation bei dieser Art von Anästhesie besteht in der möglichen postoperativen Atemdämpfung, wobei die Möglichkeit gross ist, dass, wenn die Atemdämpfung nicht rechtzeitig bemerkt wird, es zu einem Atemstillstand kommen kann. Es handelt sich dabei immer um Fälle, bei welchen der Patient nach der Operation vorerst ansprechbar ist und in den Wachsaal gebracht wird. Im Laufe meiner Arbeit am Universitätsspital Zürich hatte ich bis zum Fall N.W. nach meiner Erinnerung zwei Fälle, welche notintubiert werden mussten; durchschnittlich einmal 14täglich gibt es einen Fall, welcher in der Folge einer Valium-Fentanyl-Narkose eine Atemdämpfung erleidet, wobei es dann zu keinem Atemstillstand kommt, und zwar dank der richtigen Überwachung und Behandlung. Ich habe Professor H. über sämtliche mir bekannt gewordenen Fälle, welche diesbezüglich zu Komplikationen führten, orientiert.

UR: Wie werden die neuen Assistenzärzte (Anästhesisten) bezüglich der Valium-Fentanyl-Narkose instruiert und wer trägt für diese Instruktion die Verantwortung?

Dr. L.: Ich muss vorausschicken, dass die jungen Mediziner, welche auf der ORL-Klinik als Anästhesisten zu arbeiten beginnen, nie Neulinge auf dem Gebiet der Anästhesie sind, haben sie doch in der Regel immer schon bereits während ca. 4 Monaten auf anderen Kliniken als Anästhesisten gearbeitet. Die Valium-Fentanyl-Narkose wird indessen praktisch nur auf unserer Klinik angewendet.

Für den Anästhesiedienst der ORL-Klinik bin ich verantwortlich. Zu Beginn der Tätigkeit der jungen Ärzte bei mir findet keine spezielle theoretische Einführung in die Problematik der Valium-Fentanyl-Methode statt, hingegen erleben diese Ärzte täglich in der Praxis diese Problematik.

Ein neu eingetretener Assistenzarzt führt seine erste Narkose in unserer Klinik unter meiner Aufsicht aus. Nach einigen Tagen ist er in der Lage, selbständig Narkosen durchzuführen, wobei ich oder ein erfahrener Assistenzarzt in der Regel in seiner Rufnähe sind. Ca. 30 Prozent der Narkosen, welche auf der ORL-Klinik gemacht werden, sind Valium-Fentanyl-Narkosen. Theoretisch ist es daher durchaus möglich, dass ein junger Assistenzarzt keine Valium-Fentanyl-Narkose unter meiner Anleitung gemacht hat, wobei dies praktisch wohl kaum vorkommen dürfte. Über die Problematik der Fentanyl-Narkosen wird unter uns Ärzten gesprochen und ich halte die Jungen über mögliche Komplikationen auf dem laufenden selbstverständlich.

UR: Wer trägt die Verantwortung für den Wachsaal?

Dr. L.: Im Wachsaal befinden sich sowohl frisch Operierte wie auch Notfälle. Für die dort liegenden frisch operierten Patienten, welche voll narkotisiert wurden, ist der Anästhesist – und damit in erster Linie ich persönlich – in den ersten 4–6 Stunden nach der Operation verantwortlich.

UR: Wer instruiert die Wachsaalschwestern in welcher Art über die Problematik der Valium-Fentanyl-Narkose?

Dr. L.: Am konkreten Fall ist es die Pflicht des Anästhesisten, die Wachsaalschwestern zu orientieren und instruieren. Meine Anästhesisten haben eine diesbezügliche Weisung von mir.

UR: In was hat diese Orientierung und Instruktion zu bestehen?

Dr. L.: Die Anästhesistin muss die Wachsaalschwester über Art und Dauer der Anästhesie, über die speziell zu überwachenden physiologischen Funktionen (im Falle der Valium-Fentanyl-Narkose spezielle Atemüberwachung), sowie über die vom Operateur getroffenen Verordnungen orientieren.

Eine rein theoretische Erklärung und Erläuterung über die Problematik der Valium-Fentanyl-Narkose erfolgt nicht.

UR: Wie lange arbeitet Frau Dr. S. auf der ORL-Klinik als Anästhesistin?

Dr. L.: Seit ca. 4 Wochen.
UR: Können Sie sich aus Ihrer Sicht über die Ursache äussern, die zum fraglichen Zwischenfall geführt hat?
Dr. L.: Ich habe Herrn Prof. H. von mir aus einen Bericht über den fraglichen Vorfall gegeben. Darin wird meine diesbezügliche Ansicht dargelegt, ich gebe eine entsprechende Kopie zu den Akten. Ich bin der Ansicht, dass der Patient bei sorgfältigerer Überwachung im Wachsaal nicht das fatale Schicksal erlitten hätte.‹ **Zitat Ende**

Nach seiner Unterschrift unter dieses Protokoll hat der befragte Arzt handschriftlich noch hinzugefügt:

›In der Hoffnung, niemandem geschadet zu haben.‹ **Zitat**

Der Untersuchungsrichter hat nach diesen Einvernahmen beim Gerichtsmedizinischen Institut in Zürich ein Gutachten in Auftrag gegeben. Nach üblichen pathologischen Feststellungen erörtert der Gutachter Prof. F. die möglichen Ursachen des Todeseintrittes. Er erwähnt u. a.:
– Herzstillstand zufolge Herzstörung mit nachfolgendem Atemstillstand;
– Erstickung durch Verlegung der Atemwege;
– allergischer Schock mit Kreislaufkollaps
und verneint alle diese Möglichkeiten. Als letzte Möglichkeit erwähnt er den sogenannten Rebound-Effekt der Kombinations-Narkose und führt folgendes aus:

›Es ist bekannt, dass bei kombinierter Anwendung von Valium **Zitat** und Fentanyl nach dem Aufwachen des Patienten ein neuer Rückfall in einen narkotischen Tiefschlaf auftreten kann, welcher gelegentlich bis zur Atemlähmung geht. Deshalb ist es wichtig, derartige Leute nach der Anästhesie ständig wachzuhalten. Fallen sie nämlich in den Schlaf zurück, so tritt die immer noch vorhandene Opiatwirkung der Atemdämpfung erneut hervor. Solche Leute ‚vergessen' ganz einfach die Atmung. Dieser

133

Vorgang wird zusätzlich befördert bei behinderter Nasenatmung, wenn der Patient plötzlich gezwungen wird, ständig durch den Mund zu atmen. Man muss wissen, dass die Opiate, d. h. also auch das Fentanyl, nur langsam in der Leber abgebaut und durch die Galle in den Darm ausgeschieden werden. Gleichzeitig kommt es aber aus den unteren Teilen des Darmes zu einer Rückresorption des Opiats. Somit kann es noch nach Stunden erneut seine Wirkung entfalten.

Wenn ein solcher Rebound-Effekt eintritt, der bis zum Atemstillstand geht, so ist zu erwarten, dass das weiter zirkulierende Blut nach Abgabe des Sauerstoffs ans Gewebe und Aufnahme des Kohlendioxids immer dunkler wird. Dementsprechend sollte die Hautfarbe blau livide werden. Im vorliegenden Fall wurde aber übereinstimmend von einem blass-bläulichen bzw. grau/blauen Hautkolorit gesprochen. Dies ist atypisch für einen Atemstillstand bei noch funktionierendem Herzen. Sobald aber das Herz auch nicht mehr schlägt und der Kreislauf stillsteht, sinkt das dunkle Blut aus den obersten Körperteilen etwas ab, so dass aus der zyanotischen Farbe des Gesichtes bei einem auf dem Rücken liegenden Patienten eine blass-grau/blaue werden kann. Obschon somit die beschriebene Hautfarbe von N.W. der zu erwartenden Zyanose des Rebound-Effektes nicht vollständig entspricht, wäre ein solcher Vorgang dennoch ohne weiteres möglich gewesen, wenn man davon ausgeht, dass ein Herzstillstand dem Atemstillstand rasch folgte und die ursprüngliche Zyanose bereits abgeklungen war, als die beiden Schwestern den Leblosen gewahrten.

Die Vorgeschichte ist für die Hypothese des Rebound-Effektes charakteristisch: Es wurde eine Valium-Fentanyl-Narkose verwendet, wobei sowohl das Valium als auch das Fentanyl relativ hochdosiert wurden. Der Zwischenfall trat ungefähr ¾ Stunden nach Operationsende auf im Anschluss an einen Wachzustand des Patienten. Auch der spätere Verlauf liesse sich mit der Hypothese des Rebound-Effektes zwangslos in Übereinstimmung bringen: so gelang es relativ rasch, den Herzstillstand zu beheben und die Atmung wieder in Gang zu setzen. In der Folge blieb die Herzaktion ungestört, was gegen einen primären Herzstillstand spricht, sondern vielmehr darauf hinweist, dass das an und für sich gesunde und gut funktionierende Herz erst sekundär stillstand, nachdem die Atmung ausgesetzt hatte.

Es ist schliesslich darauf hinzuweisen, dass der Rebound-Effekt in der Hals-, Nasen- und Ohrenklinik sowohl den Ärzten als auch dem Pflegepersonal bekannt war, weil er wiederholt hatte beobachtet werden können. So gibt der Chef-Anästhesist an, durchschnittlich alle 14 Tage erleide ein Patient nach Valium-Kombinationsnarkose eine Atemdämpfung, wobei es allerdings dank richtiger Überwachung und Behandlung nicht zu einem Atemstillstand komme. Zwei Fälle von Atemstillstand hätten seiner Erinnerung nach aber sogar notfallmässig intubiert werden müssen. Dementsprechend ist denn auch in einem blauen Heft zuhanden der Wachsaalschwestern für diese Anästhesieart folgendes vermerkt: Atmung sehr gut überwachen, Patient sollte ständig angesprochen werden, daneben sitzen.

Dem Unterzeichneten sind die Krankengeschichten der beiden notfallmässig behandelten Patienten nach Atemstillstand übergeben worden. Beide betrafen Fälle mit Valium-Fentanyl-Narkose und beide traten kurze Zeit nach Operationsende im Wachsaal auf (15 Minuten bzw. 20 Minuten später). Das eine Mal war ebenfalls eine Nasenscheidewandoperation, das andere Mal eine Ohroperation vorausgegangen. Die Zwischenfälle konnten mittels Sauerstoffgabe und Narcan-Injektion beherrscht werden.

Der Unterzeichnete kommt somit nach Abwägung sämtlicher Umstände zum Schluss, dass im vorliegenden Fall der Atem- und Herzstillstand mit erheblicher Wahrscheinlichkeit zufolge eines Rebound-Effektes nach kombinierter Valium-Fentanyl-Narkose eintrat. Aus den bisher zur Verfügung stehenden Unterlagen ergeben sich keine Hinweise im Sinne eines Kreislaufschocks zufolge Überempfindlichkeit auf Bactrim. Ein primärer Herzstillstand wegen Herzstörung oder eine Erstickung wegen Verlegung der Atemwege können praktisch ausgeschlossen werden.‹ **Zitat Ende**

Der Untersuchungsrichter begnügte sich nicht mit diesem eigentlich sehr überzeugend abgefassten Gutachten und beauftragte den Chefarzt für Anästhesiologie einer anderen Universitätsklinik für ein weiteres Gutachten. Dieser Wissenschaftler geht scharf ins Gericht mit seinen Kollegen. Hier sind einige Auszüge:

Zitat ›Frage 1: Ist die gewählte Narkoseart (Valiumkombinationsnarkose) für die konkrete Operation (Nasenseptumplastik) angezeigt und üblich?

Bei einem sonst gesunden, jungen Patienten wird die Allgemeinanästhesie mit einer Kombination eines Benzodiazepins (z. B. Diazepam oder Flunitrazepam) und eines Opiates (z. B. Fentanyl usw.) häufig angewendet. Von allgemein üblich kann hingegen nicht die Rede sein, da die Zahl der zur Verfügung stehenden Methoden und Medikamente sehr gross ist. Das Ziel der Anästhesie ist es, eine Methode anzuwenden, die zu einer möglichst kleinen Blutung am Operationsort führt, die den hämodynamischen Zustand des Patienten möglichst wenig stört und die zu einem raschen Aufwachen des Patienten nach dem Eingriff führt, und zwar ohne kurz- oder langfristige Störung des Bewusstseins oder der Atemfunktion. Wie ich in diesem Gutachten noch erklären werde, wird die Kombination von Benzodiazepin/Fentanyl häufig angewendet, obwohl sie in einzelnen Fällen zu Spätkomplikationen führen kann. Warum der Ausdruck ‚Valiumkombinationsnarkose' angewendet wird, ist völlig unklar. Soweit ich es beurteilen kann, geht es um eine lokale Terminologie mit dem Hauptgewicht auf Valium, statt dem Opiat (Fentanyl), das an sich weitaus mehr zu postoperativen Problemen führen könnte.‹

Frage 2: Ist die Dosierung entsprechend der vorgenommenen
Zitat Ende Operation für diesen Patienten richtig?

Der Gutachter findet die Dosis eher hoch, misst aber diesem Umstand keine grosse Bedeutung zu.

›Frage 4: Was ist die Wirkung von Fentanyl? *Zitat*
Im Vergleich zu den üblichen Opiaten hat Fentanyl eine äusserst starke analgetische Wirkung. Die anfängliche Erwartung, dass es sich dabei um ein kurzwirkendes Opiat handelt, hat sich nach den Untersuchungen der letzten 3–4 Jahre leider nicht bestätigen lassen. Klinische Untersuchungen mit Plasmakonzentrationsmessungen haben gezeigt, dass die Dosierung im Rahmen des beschriebenen Falles, bis zu 3 Stunden später, immer noch zu erheblichem Plasma-Fentanyl-Konzentrationen führen kann.‹ *Zitat Ende*

Der Gutachter erklärt die Wirkung des Fentanyl anhand einer grafischen Darstellung und fasst weiter zusammen:

›Aus der Abbildung geht hervor, dass diese Patientinnen eine *Zitat*
ähnliche Dosis bekamen wie der Patient N. W. (67 kg × 10 γ/kg = 670 γ 670 + 150 = 820 γ). Nach 2½ Std. war die Fentanyl-Konzentration auf einem Niveau, das ohne weiteres zu einer Atemdepression führen konnte.

In diesem Sinn muss ich dann meine erste Frage stellen: Sind die in letzter Zeit erschienenen Arbeiten den zuständigen Ärzten bekannt? Wenn – wie dies aus den Aussagen von Dr. L. hervorgeht – ‚... ich erinnere mich an zwei Fälle, bei welchen intubiert werde musste, ferner gibt es durchschnittlich einmal 14täglich einen Fall, bei dem nach einer Valium-Fentanyl-Narkose eine Atemdämpfung eintritt ...', wäre es wichtig zu wissen, ob aus dieser Erfahrung besondere Massnahmen zur Verhütung weiterer Zwischenfälle angeordnet worden sind.

Frage 5: Sind Assistenz-Anästhesieärzte und Pflegepersonal für das Vorgehen bei Narkosen mit Fentanyl sowie der postoperativen Überwachung besonders zu instruieren und wenn ja, wie?

Nach den vorangegangenen Bemerkungen ist die Antwort ein deutliches Ja. Es fällt besonders auf, dass trotz den bekannten Fällen in der Klinik einige der befragten Pfleger überhaupt nichts über die Not-Intubation und verzögerte Atemdepression wussten.‹ *Zitat Ende*

Der Gutachter verweist auf die reiche Literatur, die den Ärzten der ORL-Klinik bekannt sein müsste.

Zitat ›Frage 6: Erachten Sie die durchgeführte postoperative Überwachung des Patienten N. W. als genügend?

Die Antwort ist leider nicht einfach:

Erstens müsste man die Anästhesiemethode und die Notwendigkeit der verwendeten Fentanyl-Dosen, die anhand der Weisungen gespritzt wurden, genau überprüfen. Zweitens sollte die Weisung an das Überwachungspersonal die Aufmerksamkeit auf das Opiat und nicht das Valium lenken. Drittens: Risikopatienten, die aus ärztlicher Indikation besondere Überwachung brauchen, müssten vom Personal dauernd in direkter Sicht behalten werden.

Frage 7: Gehen Sie mit den Schlussfolgerungen des Vorgutachters, Herrn Prof. F., soweit Sie sie beurteilen können, einig?

Insofern, als ich mit Herrn Prof. F. gleicher Meinung bin über die Spätwirkung von Fentanyl als Ursache einer Atemdepression und des dazu führenden Herzstillstandes.

Frage 8: Sind Ihnen persönlich oder aus der Literatur gleiche oder ähnliche Fälle wie der vorliegende bekannt?

Wie oben erwähnt, sind in den letzten 2–3 Jahren Spätkomplikationen bei höher dosierter Fentanyl-Anästhesie häufig beschrieben worden. Mit weiteren Literaturangaben stehe ich Ihnen jederzeit zur Verfügung. Eine ausführliche Dokumentation können Sie auch von Bern aus der DOKDI-Computer-Suche erhalten.

Frage 9: Gibt Ihnen die Begutachtung zu weiteren Bemerkungen Anlass?

Nach Beantwortung der Fragen 1–8 sind – glaube ich – **Zitat Ende** weitere Kommentare unnötig.‹

Anmerkungen

Die Frage, wofür der Chirurg und der Anästhesist vor, während und nach der Operation verantwortlich sind, ist rechtlich nicht geklärt. Aufgrund verschiedener der Öffentlichkeit bekanntgewordener Narkosezwischenfälle lassen sich folgende Regeln für Chirurgen und Anästhesisten aufstellen:

1. Der Chirurg trägt die Verantwortung für die Abklärung, ob die körperliche Verfassung des Patienten die vorgesehene Operation verkraften kann. Dabei wird er sich nicht nur die Frage der narkotischen Belastbarkeit des Körpers stellen, sondern die gesamte konstitutionelle Disposition des Patienten mit ins Kalkül ziehen müssen. Ist er von der Operabilität des Patienten überzeugt und stimmt der Patient nach der gehörigen Aufklärung der vorgesehenen Operation zu, so hat der Chirurg auch zu entscheiden, ob er die Narkotisierung selbst vornimmt oder einen Anästhesisten beizieht. Bei schweren Operationen spielt diese Frage allerdings keine Rolle, da eine solche ohne einen Narkosearzt nicht durchgeführt werden kann.

Wird also ein Narkosearzt beigezogen, so trägt nun dieser in erster Linie die Verantwortung der Abklärung über die narkotische Belastbarkeit des Patienten für die vorgesehene Operation.

2. Die Pflichten des Narkosearztes lassen sich wie folgt zusammenfassen:

– Er hat abzuklären, ob der Patient aus anästhesiologischer Sicht operabel ist.

– Er hat in Zusammenarbeit mit dem Chirurgen die Art der Betäubung, das Betäubungsmittel und dessen Dosis zu bestimmen.

– Er ist für den einwandfreien technischen Zustand seiner Apparate und Zusatzgeräte, sowie deren sorgfältige Wartung verantwortlich.

– Er ist verpflichtet, seine Gerätschaft technisch perfekt zu beherrschen und zu wissen, welche Geräte für welchen Zweck am brauchbarsten sind.

– Der Narkosearzt ist während der Operation für die Überwachung, Aufrechterhaltung und Wiederherstellung der Lebensfunktionen des Patienten verantwortlich. Diese Verantwortung geht auch nach der Operation weiter, bis die Reflexe wieder auslösbar sind und der Patient ansprechbar ist. Wie das Beispiel des Patienten N.W. zeigt, ist die Überwachung bei gewissen Narkosearten über die Ansprechbarkeit des Patienten hinaus fortzusetzen, bis keine Gefahr mehr besteht.

– Der Narkosearzt hat für die Zwischenfalltherapie die notwendigen Hilfsmittel bereitzustellen.

– Der Narkosearzt ist verpflichtet, während der Narkose Puls und Blutdruck dauernd zu überwachen und diese Werte in ein Narkoseprotokoll einzutragen. Aus dem Narkoseprotokoll müssen auch andere wesentliche Daten, wie der Zeitpunkt der Ein- und Ausleitung der Narkose, Art, Quantum und Dosierung der verwendeten Narkosemittel und etwaige Zwischenfälle hervorgehen.

– Der Narkosearzt hat diese Pflichten selbst zu erfüllen. Wenn er sie an weitere Hilfspersonen delegiert, wird er somit seiner Verantwortung auch dann nicht enthoben, wenn er diese Personen entsprechend instruiert hat. Es ist eine andere Frage, ob diese Hilfspersonen ebenfalls zur Verantwortung gezogen werden können, unabhängig von der Hauptverantwortung des Narkosearztes[1].

---

1 Im Deutschen Ärzteblatt 1977, Heft 1, wurden von den Autoren Weissauer/Frey ein Artikel veröffentlicht mit dem Titel ›Anästhesiezwischenfälle und das anästhesiologische Risiko‹. Die Autoren haben für die Anästhesieärzte 9 Regeln aufgestellt. Einige von ihnen wurden in abgewandelter Form in die obige Pflichtenliste aufgenommen. Einige dagegen wurden ausgelassen, weil sie allgemeine Pflichten des Arztes wie Aufklärungspflicht oder Organisationspflicht, Auswahl der Hilfspersonen usw. betreffen, die hier in anderen Kapiteln behandelt wurden.

Verletzung der Überwachungspflicht

Mit dem erfolgreichen Abschluss der Operation und dem komplikationslosen Aufwachen aus der Narkose hören die Gefahren, denen der geschwächte Körper des Patienten ausgesetzt ist, nicht auf. Der Patient muss je nach der Schwere des Eingriffs noch eine Zeitlang überwacht werden, bis man wieder zur Tagesordnung übergehen kann.

Fall F. K.

Aus einem Urteil des Bundesgerichtes:

›Der Kläger, Herr F. K., wurde am 26. Mai 1927 zwecks Vornahme einer Blinddarmoperation in die kantonale Krankenanstalt verbracht. Die Operation wurde am gleichen Tage vorgenommen und verlief normal, doch stellte sich am 28. Mai Fieber ein. Der Kläger wurde unruhig, was den damaligen Tagesarzt, Dr. H., veranlasste, ihn in ein Einzelzimmer im ersten Stock der chirurgischen Abteilung verbringen und daselbst bewachen zu lassen. Der heutige Beklagte, Chefarzt Dr. B., war zu jenem Zeitpunkt abwesend. Es wurden Herrn F. K. mehrfach Beruhigungsmittel verabreicht, auch wurde er im Bette festgebunden. Trotzdem vermochte ihn die in der Nacht vom 28. auf den 29. Mai mit seiner

Zitat

Bewachung betraute Krankenschwester, I.J., nicht zu meistern. Sie holte daher den in der Nähe schlafenden Wärter D. herbei. Während dieser kurzen Abwesenheit gelang es dem Kläger, sich von seinen Fesseln völlig zu befreien und aus dem nicht vergitterten Fenster in den Garten hinunterzuspringen, wobei er beide Fersenbeine brach. Das erforderte eine weitere, längere Spitalbehandlung, die vom Assistenzarzt Dr. W. unter der Oberleitung und Kontrolle des Beklagten besorgt wurde, und die bis zum 24. September 1927 dauerte, an welchem Tage der Kläger als geheilt entlassen wurde.‹

Zitat Ende

Der Patient, Herr F. K., belangte das Spital und dessen Chefarzt auf Schadenersatz und Genugtuung. Das Bundesgericht wies die Klage ab mit der Begründung, der Kläger habe die falsche Partei eingeklagt. Zur Frage eines Verschuldens des Spitalpersonals wurde nicht direkt Stellung genommen. Der Urteilsbegründung lässt sich immerhin folgendes entnehmen:

Zitat ›Es kann vom Chefarzt einer kantonalen Krankenanstalt nicht verlangt werden, dass er sich persönlich und beständig jedes einzelnen Patienten annehme. Dagegen hat er zweifellos dafür zu sorgen, dass in seiner Abwesenheit die Pflege und Wartung der Kranken nicht unterbrochen, sondern von den Assistenzärzten, die ihm vom Staate als Vertreter und Gehilfen beigegeben werden, weiter besorgt werde. Das ist aber vorliegend geschehen, indem der damalige Tagesarzt, Dr. H., dessen Befähigung zur Vertretung des Beklagten nicht angezweifelt worden ist, das Nötige zur Unterbringung, Beruhigung, Bewachung und Fesselung des Beklagten angeordnet hat. Und auch die Durchführung dieser Anordnungen durch das Wartepersonal erfolgte in einer Weise, dass daraus jedenfalls nicht auf eine mangelnde Instruktion von seiten des Beklagten geschlossen werden könnte. Dass, wenn ein mit vergitterten Fenstern versehenes Zimmer zur Verfügung gestanden hätte und der Kläger darin untergebracht worden wäre, der Unfall sich nicht ereignet hätte, ist nicht zu bezweifeln. Allein für diesen Mangel kann der Beklagte, der ja nicht Inhaber der Anstalt ist, nicht verantwortlich erklärt werden. Hiervon könnte höchstens dann die Rede sein, wenn sich schon früher trotz der in der fraglichen Anstalt üblicherweise angewandten Bewachungsmethoden ein ähnlicher Vorfall ereignet hätte. Dann allenfalls wäre dem Beklagten zuzumuten gewesen, die zuständige Behörde auf die Notwendigkeit einer derartigen Schutzeinrichtung aufmerksam zu machen. Nun liegen aber keinerlei Anhaltspunkte dafür vor, und es hat der Kläger auch keinerlei Beweise dafür eingetragen, dass ein solcher Vorfall sich wirklich je ereignet hat. Die Vorinstanz hat daher mit Recht davon Umgang genommen zu untersuchen, ob der Beklagte schon früher bei der zuständigen Behörde in diesem Sinne vorstellig geworden ist‹ (BGE 56 II 199 ff.). **Zitat Ende**

Fall M.

Ein anderes Bundesgerichtsurteil:

›Im April 1919 erkrankte der Kläger M. an einer schweren Grippe- **Zitat**
Pneumonie. Am 27. April 1919 zog der behandelnde Arzt Dr. W. einen zweiten Arzt in der Person des Direktors der chirurgischen Abteilung der kantonalen Krankenanstalt Luzern, Dr. K., zu. Da der Kranke zeitweilig delirierte und daher einer sorgfältigen Überwachung bedurfte, kamen Dr. K. und Dr. W. überein, ihn in die kantonale Krankenanstalt zu verbringen. Der Kläger erklärte sich damit einverstanden, sofern ihm ein Einzelzimmer angewiesen werde. Dr. K. sicherte ihm dies zu und zeigte dem Portier und dem Oberarzt der medizinischen Abteilung der Krankenanstalt die Ankunft des Patienten telephonisch an. Dabei ergab sich, dass kein Einzelzimmer frei war. Trotzdem erklärte Dr. K. dem Kläger, um ihn zu beruhigen, er werde ein Einzelzimmer erhalten. Gegen 7½ Uhr morgens erfolgte die Überführung in das Spital. Dort wurde der Kläger in das im zweiten Stockwerk gelegene Zimmer Nr. 13 verbracht, wo schon zwei Kranke lagen. Nach dem Mittagessen, ungefähr um 1½ Uhr, verliess die diensttuende Krankenschwester für einen Augenblick das Zimmer,

nachdem sie einem der Kranken die Klingel in die Hand gegeben hatte, falls einer der Patienten etwas nötig habe. In dieser Zeit stürzte sich der Kläger in seinem Delirium plötzlich durch das Fenster in die 6 bis 8 Meter tiefer gelegene Parkanlage hinunter, wo er schwer verletzt aufgehoben wurde. Eine Untersuchung des Klägers hatte seit seiner Überführung in das Spital noch **Zitat Ende** nicht stattgefunden‹ (BGE 48 II 27ff.).

Das Bundesgericht wies die Klage des Patienten mit einer ähnlichen Begründung wie im Beispiel F. K. ab.

Anmerkungen

Es kommt immer wieder vor, dass die Patienten nach einer Operation in einen Deliriumzustand geraten, der für sie lebensgefährlich werden kann. Dieses Phänomen ist den Ärzten bekannt. Wie das Bundesgericht bereits 1930 angedeutet hat (Fall F. K., S. 141ff.), wäre die Einrichtung eines sicheren Überwachungsraums kein unverhältnismässig grosser Aufwand.

Der sichere Raum, aus dessen Fenster der Patient nicht hinunterspringen kann, ist noch keine endgültige Lösung; die Patienten im Delirium pflegen auch aus dem Bett zu fallen. Die Vergitterung der Betten nützt hier auch nicht weiter, weil der Patient darüberklettert und sich so schwere Verletzungen zuzieht. Aus psychologischen und rechtlichen Gründen lässt sich das Bett nicht in eine Art ›Käfig‹ verwandeln. Auf diese Frage hin angesprochen, zuckte der Chefarzt eines renommierten Zürcher Spitals die Achseln und fragte leicht resigniert zurück ›was hätten wir sonst tun können?‹.

Wären da hydraulisch bis zum Boden senkbare Betten mit niedrigen Gittern und entsprechender Ausstattung des Raums nicht eine Lösung?

Die Frage und der Lösungsvorschlag seien weitergegeben. Vielleicht hat jemand da eine bessere Idee.

Fall S.M.

Der 45jährige Patient S. M. war Hauswart einer grossen Industriesiedlung. Im April 1977 rutschte er bei einem Kontrollgang auf der Treppe aus und fiel auf den Rücken. Er hatte damals schon zwei Rückenoperationen hinter sich. Gegen Ende Mai operierte ihn der gleiche Neurochirurg ein drittes Mal (sog. Hämilaminektomie L 4/5 und L 5/S 1). Im Verlauf der Operation kam es zu einem kleinen Riss der linken Rückenmarkhaut, der sog. Dura. Dieser eher harmlose Riss wurde mit einer Naht behoben. Da die Operationsstelle stark blutete (Epiduralblutung), wurde ein Absauggerät angeschlossen.

In der Nacht auf den Operationstag, gegen 4.00 Uhr morgens, wurde, nachdem durch das Absauggerät reichlich Rückenmarkflüssigkeit abgesaugt war, ein Blutdruck von 180/120 und ein sog. Hypoliquorrhoe-Syndrom festgestellt. Der Patient war kurz vor dem Koma und seine Blicke nach rechts und oben wurden starrer. Der Flüssigkeitsdruck im Rückenmarkkanal war massiv herabgesetzt, normalisierte sich aber nach Verabreichung von 100 mg Kochsalzlösung. Daraufhin sank auch der Blutdruck, bis er allerdings am Vormittag des gleichen Tages wieder anstieg. Die Untersuchung ergab wiederum einen sehr tiefen Druckwert im Rückenmarkkanal. Man verabreichte dem Patienten wieder Kochsalzlösung. Der Patient wurde kurzfristig ansprechbar. Am Nachmittag verschlechterte sich sein Zustand, bis er komatös wurde und beidseitig die sogenannten Pyramidenzeichen auftraten.

Der Patient wurde notfallmässig in ein anderes, entsprechend ausgerüstetes Spital verlegt, wo man in der Nähe des Kleinhirns zwei pflaumengrosse Blutgerinnsel entdeckte und diese sofort operativ entfernte. Er wurde durch diese Operation vor dem sicheren Tod gerettet.

Zwei voneinander unabhängige Gutachter kamen zum Ergebnis, dass der reichliche Abfluss der Rückenmarkkanalflüssigkeit die Blutgerinnsel verursacht haben musste. Die entscheidende Frage aber, warum es überhaupt zu diesem Liquor-Verlust kommen konnte, mochten die Gutachter nicht mit der nötigen Klarheit beantworten. Fest steht, dass der Patient in einem Stockwerk mit ca. 50 Betten in einem Dreierzimmer lag, wo nur eine oder zwei Nachtschwestern für alle Patienten verantwortlich waren. Fest steht auch, dass der Chirurg nicht wusste, ob die Nachtschwester genügend Erfahrung mit solchen Patienten hatte, wie oft der Patient in der Nacht kontrolliert worden war und schliesslich, ob seine Befehle richtig und rechtzeitig ausgeführt wurden. Wäre die Nachtschwester mit dem nötigen Nachdruck instruiert worden, so hätte sie diesen Patienten öfter kontrolliert und festgestellt, dass in die Redonflasche mehr hellfarbige Flüssigkeit eintropfte als Blut. Das hätte sie dann veranlassen müssen – natürlich, wenn sie über die Folgen belehrt worden wäre – den verantwortlichen Arzt zu benachrichtigen. Damit hätte das Absauggerät rechtzeitig abgestellt werden können. Der Patient wurde durch diesen Überwachungsfehler dauernd geschädigt; er ist zu 50% invalid.

Anmerkungen

In der Diskussion mit den Ärzten hat sich herausgestellt, dass diese sich über die naturwissenschaftliche Ursache der Hämatombildung mehr Gedanken machten als darüber, ob eine solche Komplikation überhaupt entstanden wäre, wenn durch eine den Umständen entsprechende Überwachung der Liquorabfluss verhindert worden wäre. Diese Denkweise zeigt, dass die Ärzte einen medizinischen Sachverhalt vornehmlich nach rein naturwissenschaftlichen Kriterien beurteilen. Das schlägt sich in der Beantwortung der ihnen gestellten Fragen nieder. Der Jurist, ob Richter oder Rechtsanwalt, wird daher gut daran tun, ein medizinisches Gutachten jeweils sehr sorgfältig durchzulesen.

  Der Chirurg ist nach Beendigung der Operation für die Weiterbehandlung und Überwachung des Patienten verantwortlich. Er kann diese Aufgabe zwar an Krankenschwestern und andere Ärzte delegieren, muss sich aber ein allfälliges Verschulden dieser Personen anrechnen lassen, wie wenn er den Fehler selbst begangen hätte. Denn der Patient schliesst den Vertrag mit dem Arzt ab. Dieser ist es, dem er Leib und Leben anvertraut. Wenn bei der

Vertragsabwicklung irgendein Fehler passiert, so muss der Patient nicht nach irgendwelchen verantwortlichen Personen suchen, sondern kann sich direkt an den Arzt halten.

Wie zu wiederholten Malen betont, trägt auch im eben beschriebenen Fall der Arzt die Beweislast. Er müsste beweisen,
– dass er die Schwester genügend instruiert habe, wie der Patient zu überwachen sei und bei welchen Umständen sie den Arzt zu benachrichtigen habe;
– dass die Komplikationen, die zur Invalidität des Patienten geführt haben, auch bei gehöriger Überwachung des Patienten und rechtzeitiger Abstellung des Absauggerätes entstanden wären.

Da die Haftpflichtversicherung des Chirurgen aufgrund der umfangreichen Abklärungen einsah, dass die Überwachung des Patienten nach der Operation etwas unsorgfältig war und der Arzt die oben erwähnten Beweise kaum hätte erbringen können, war sie bereit, einen erheblichen Teil des Schadens zu übernehmen und dem Patienten eine angemessene Genugtuung zu bezahlen.

Ehrverletzende Äusserungen von Ärzten über ihre Patienten

Wer aus beruflichen Gründen täglich mit ärztlichen Berichten, insbesondere solchen, die für Sozialversicherungen erstellt wurden, zu tun hat, traut den eigenen Augen nicht, was er da zu lesen bekommt. Man stellt irritiert fest, mit welcher Verachtung und Überheblichkeit Ärzte sich über ihre Patienten äussern. In diesen Berichten wimmelt es nicht selten von Wörtern, wie Simulant[1], Aggravant[2], Rentenjäger, Rentenneurotiker, Querulant, Psychopath usw. Begriffe dieser Art sind vielfach ehrverletzende Äusserungen, die straf- und zivilrechtliche Konsequenzen nach sich ziehen können. Die Worte Psychopath und Querulant sind z.B. nach der Rechtsprechung des Bundesgerichtes ehrverletzende Äusserungen.

Im folgenden Auszüge aus zwei Urteilen des Bundesgerichtes:

---

[1] Simulant wird jemand genannt, der absichtlich Beschwerden vortäuscht, um krank oder invalid geschrieben zu werden. Damit kann er, ohne arbeiten zu müssen, die Leistungen der Sozialversicherung beanspruchen. Der Simulant bewegt sich in der Nähe des Versicherungsbetruges.

[2] Aggravant ist jemand, der seine Beschwerden stark überbetont vorbringt in der Hoffnung, eine längere Arbeitsunfähigkeitsperiode oder eine höhere Invalidität zu erwirken und somit längere bzw. höhere Leistungen von der (Sozial-)Versicherung in Anspruch nehmen zu können.

> Der Psychopath, der, anders als ein charakterlich anständiger Mensch, seine Charakterfehler nicht beherrscht und sich abwegig verhält, handelt daher im allgemeinen verwerflich. Die Bezeichnung eines Menschen als Psychopath ist infolgedessen ehrverletzend, denn im täglichen Leben wird darunter regelmässig nicht die psychopathische Veranlagung als solche verstanden, sondern der Ausdruck im abschätzigen Sinne verwendet, dass der Betroffene sich abnorm, asozial benehme‹ (BG Urteil 93 IV 22).

Im zweiten Urteil geht es um den Ausdruck ›Querulant‹:

> ›Psychiatrische Fachausdrücke werden jedoch im Alltagsleben oft nicht im wissenschaftlichen Sinne, zur objektiven Umschreibung des Zustandsbildes eines psychisch Kranken verwendet, sondern dazu missbraucht, um jemanden als verschroben, charakterlich minderwertig hinzustellen und in seiner persönlichen Ehre herunterzumachen. Das gilt z.B. vom Wort Psychopath, in ebensolchem, wenn nicht noch höherem Masse, vom Ausdruck Querulant. Nicht jeder, der sein Recht hartnäckig verfolgt, auch nicht jeder Streitsüchtige, fällt unter den psychiatrischen Begriff der Querulanz. Es ist daher im Einzelfall gründlich zu prüfen, ob psychiatrische Ausdrücke solcher Art wirklich oder nur scheinbar im medizinischen Sinne gebraucht worden sind und wie die Äusserung von Dritten, an die sie gerichtet war, verstanden werden musste. Das gilt auch dann, wenn die Äusserung von einem *Arzt* oder anderen wissenschaftlich Gebildeten getan wird‹ (BG Urteil 96 IV 55).

Fall K. C.

Der Patient K. C., ein Italiener, war infolge eines Arbeitsunfalles bei Dr. H. in Behandlung. Die Eidg. Invalidenversicherung hat diesen Arzt mehrere Male schriftlich und sehr höflich gebeten, ein blaues vorgedrucktes Arztzeugnis auszufüllen, damit sie die Anspruchsberechtigung des Versicherten bzw. seines Patienten überprüfen kann. Da alle diese höflichen Anfragen unbeantwortet blieben, griff die Behörde auf das Mittel der Mahnung zurück, nicht zuletzt, weil noch zwei andere Patienten des gleichen Arztes auf den Entscheid der Eidg. Invalidenversicherung warteten. Darauf reagierte der Arzt mit folgendem Brief. Er spricht für sich und für den Charakter dieses Arztes. Ein Kommentar erübrigt sich.

›Sehr geehrte Herren,   **Zitat**
Bezugnehmend auf den 2. Absatz Ihres vorgedruckten Mahnschreibens vom 2.4.1979 (siehe beigelegte Photokopie) sende ich Ihnen anbei die blauen ‚Fragebogen für den Arzt' der drei obengenannten Patienten leer zu meiner Entlastung zurück.

Ihre unhöfliche Drohung, gemäss Artikel 5 der allgemeinen Bestimmungen des Tarifvertrages die erforderlichen medizinischen Angaben bei einem anderen Arzt oder einer besonderen Abklärungsstelle zu beschaffen, nehme ich als sehr willkommene Offerte entgegen. Auf Ihre knapp kostendeckende Vergütung für diese Schreibarbeiten verzichte ich auch gerne. Indem ich als Chirurg FMH rund um die Uhr für Notfälle einsatzbereit stehe sowie meine bescheidene Freizeit inklusive Sonn- und Feiertage zur lästigen Erledigung des enormen Papierkrieges von seiten der verschiedenen Versicherungen weitgehend aufopfere, bin ich der Meinung, meinen beruflichen Pflichten somit zu genügen; ich darf deshalb solche Reklamationen wie die Ihrige vom 2.4.1979 verachten. Bedenklich bleibt die Tatsache, dass ein solches vervielfältigtes Mahnungsformular offensichtlich Ihre nun übliche Umgangsform mit der überlasteten Zürcher Ärzteschaft darstellt. Leute, welche den behandelnden Facharzt nur als billigen Schreiberling betrachten und ihn sogar mit Lohneinbusse bedrohen, möchten sich grundsätzlich anderswo als bei mir bedienen lassen. In allen drei Fällen besteht für mich kein Anlass zur Auskunftserteilung an Sie. Beide Patientinnen sind nach anfänglicher Betreuung bei mir anderswo operiert und weiterbehandelt worden, seit einem Jahr oder länger nicht mehr bei mir in Kontrolle gestanden, so dass tatsächlich ‚ein anderer Arzt' für die erforderlichen medizinischen Angaben in

Betracht kommt. Der Italiener ist ein arbeitsscheuer Versicherungsquerulant, welcher seit mehreren Monaten – wenn auch jammernd – wieder arbeitet und nach wie vor alle gesetzlichen **Zitat Ende** SUVA-Leistungen bezieht.‹

Beizufügen ist, dass die letztere Behauptung des Arztes schlicht falsch war, wie die nachträglichen Abklärungen ergaben.

Anmerkungen

Kann man da noch von einem Vertrauensverhältnis zwischen Arzt und Patient reden?

Dass der Arzt diesen ›arbeitsscheuen Versicherungsquerulanten‹ weiterbehandelt und dafür Geld kassiert, andererseits aber ihn bei der Sozialversicherung ›denunziert‹, ist genau so verwerflich wie das dem Patienten unterstellte Verhalten.

Warum kann oder will der Arzt den Mut nicht aufbringen und seinem missliebigen Patienten sagen:

›Mein lieber Patient, ich persönlich glaube Ihnen und den von Ihnen vorgebrachten Beschwerden nicht. Ich habe alle erdenklichen diagnostischen Massnahmen durchgeführt, aber nichts gefunden. Ich habe also keine Krankheit entdeckt, die ihre Beschwerden erklären könnte. Es tut mir leid, aber es hat keinen Sinn, dass ich Sie weiterbehandele. Ich wünsche Ihnen ...‹ usf. usf.

Das wäre die letzte Konsultation, die er bei diesem Patienten auf dem Kranken- oder Versicherungsschein mit gutem Gewissen ankreuzen dürfte.

Wie die Ärzte umgekehrt auf die Anschuldigungen ihrer Patienten reagieren, sei am folgenden Beispiel illustriert:

Eine Patientin war verschiedene Male bei ihrem Hausarzt, um dort für eine längere Therapie Tabletten abzuholen. Sie nahm jeweils im Wartezimmer Platz und wartete darauf, bis die Arztgehilfin ihr die Tabletten überreichte. Einige Male kam der Arzt in das Wartezimmer, um andere Patienten in das Sprechzimmer zu bitten. Bei diesen Gelegenheiten spielte sich oft folgender Dialog zwischen dem höflichen Arzt und der Patientin ab:

›– Grüezi, Frau F.
– Grüezi, Herr Doktor.
– Wie gaht's Ihne hüt?
– Danke gut, ich bin cho, mini Tablette abzhole.‹

Danach ging der Arzt wieder in sein Sprechzimmer. Die Patientin stellte später mit einigem Erstaunen fest, dass der Arzt für diese Gespräche die Tarifposition ›Konsultation‹ angekreuzt hatte. Sie beklagte sich darüber bei der Kantonsärztin. Ermuntert durch diese Ärztin schrieb sie an die sog. Blaue Kommission der Ärztegesellschaft des betreffenden Kantons[1] einen etwas ungeschickt formulierten Brief, worin unter anderem stand:

›In der Annahme, dass dieses Verfahren nicht nur bei mir angewendet wird, erachte ich dieses Vorgehen als Diebstahl an den Krankenkassen und damit indirekt am Volkseinkommen.‹

Die Blaue Kommission der Ärztegesellschaft stellt dieses Schreiben dem angeschuldigten Arzt zu, welcher daraufhin einen Rechtsanwalt beauftragte, gegen seine Patientin eine Ehrverletzungsklage einzureichen. Die Angelegenheit war für die Blaue Kommission höchst peinlich, war sie doch von dieser scharfen Reaktion ihres Kollegen sehr überrascht. Die Bemühungen der Blauen Kommission, den Arzt von der Ehrverletzungsklage abzubringen, sind gescheitert. Auf eine entsprechende Frage der Patientin schrieb die Blaue Kommission unter anderem:

›Die Blaue Kommission versteht sich als eine Institution im Sinne des Ombudsmanns. Der Patient soll sich vertrauensvoll an die Blaue Kommission wenden können, um, ohne die Worte auf die Goldwaage zu legen, gegen einen Arzt Klagen anzubringen, mögen diese auch völlig unbegründet sein.‹

---

[1] Eine Standesorganisation der Ärztegesellschaft, die ähnlich wie ein Ombudsmann Konflikte gütlich ausgleichen will.

Der Arzt war allerdings mit seinen Kollegen in der Blauen Kommission nicht der gleichen Meinung. Er hielt an der Klage fest, die später durch einen Vergleich erledigt wurde. Aus diesem Verfahren entstanden allerdings der Patientin Kosten in der Höhe von über Fr. 3000.–. Verärgert über diesen von den Juristen aufgezwungenen Vergleich schrieb sie der Zürcher Patientenstelle:

Zitat ›Und die Moral von der Geschicht? Hätte ich zur Rechnungsstellung von Dr. ... (Alter 83, praktiziert heute nicht mehr) geschwiegen, so hätte die Krankenkasse anstandslos bezahlt und mir wären, ganz abgesehen von den oben erwähnten Kosten, eine Menge Aufregung, Ärger, schlaflose Nächte und Enttäuschungen erspart geblieben. Ich begreife nun sehr gut, warum die meisten Patienten ihre Arztrechnungen ungeprüft ihren Krankenkassen überweisen. So wird es nie gelingen, auch von seiten der Patienten eine gewisse Kontrolle über Arztrechnungen auszuüben und unberechtigte Forderungen zu beanstanden. Die viel diskutierten hohen Kosten in diesem Bereich können unbe-
Zitat Ende hindert weiter steigen.‹

Einige Gedanken zum Begriff ›Kunstfehler‹

Sprachlich betrachtet ist der Kunstfehler ein zusammengesetztes Wort: Kunst-Fehler. Nach Duden[1] bezieht sich ›Kunst‹ seit dem 18. Jahrhundert ›speziell auf die künstlerische Betätigung des Menschen und auf die Schöpfung des Menschengeistes in Malerei, Bildhauerei, Dichtung und Musik‹.

Kann man die Tätigkeit des Arztes als ›Kunst‹ bezeichnen? Am ehesten lässt sich die Messerführung des Chirurgen als – handwerkliche – Kunst definieren, bei der, neben der genauen Kenntnis der Anatomie, eine sichere Hand, Geschicklichkeit, Entschlossenheit und zuweilen auch ›schöpferische Fantasie‹ erforderlich ist.

Ist es nicht etwas überheblich, wenn die Ärzte ihr Tun und Lassen heute noch als Kunst definieren lassen?

Worin besteht denn der ›Kunstfehler‹, wenn der Notfallarzt sich weigert, den todkranken Patienten zu besuchen?

Was ist das für eine ›Kunst‹, wenn der Arzt seinem Patienten 15 Jahre lang das gleiche Medikament verschreibt?

Ist es eine Kunst, vor einer Operation zu kontrollieren, ob die Sauerstoffflasche voll ist und eine Ersatzflasche danebensteht?

---

1 Der Grosse Duden: Herkunftswörterbuch 1963, S. 377/78.

Der Beispiele gibt es noch viele. Es ist eine perfide Vergewaltigung des schönen Wortes Kunst, wenn die Ärzte ihr Tun und Unterlassen als Kunst verkaufen und ihre Schlampereien als ›Kunstfehler‹ verharmlosen.

Es ist ebensowenig verzeihlich, ja sogar erstaunlich, dass die Juristen, sogar die höchsten Richter, diesen Begriff in die juristische Terminologie aufnehmen und krampfhaft versuchen, ihm einen dogmatischen Inhalt zu geben. Die diesbezüglichen Versuche der höheren und höchsten Richter sowie jener Juristen, die sich der Rechtswissenschaft befleissigen, höhlen die fundamentalsten Grundbegriffe der Rechtswissenschaft aus. *Es gibt keinen Rechtsbegriff ›Kunstfehler‹ als eine Unterart des Verschuldensbegriffs, genausowenig wie es für die Ärzte ein Sonderrecht gibt.* Entweder trifft den Arzt ein Verschulden oder nicht. Das Verschulden in Form von Fahrlässigkeit ist entweder schwer oder leicht. Es sei dem Juristen in Erinnerung gerufen, wie der grosse Jurist C. Chr. Burckhardt den Typus, an dem der Verschuldensbegriff definiert wird, umschreibt:

Zitat ›In dem Typus des mit Unrecht so oft verspotteten diligens paterfamilias, wahrlich nicht eines Philisters noch eines Musterknaben, sondern eines tüchtigen Mannes, der Kopf und Herz am rechten Fleck hat, nichts unternimmt, dem er nicht gewachsen ist und in schwierigen Situationen klares Auge und ruhige Hand behält, in diesem abstrakten Typus, der noch keineswegs überall starr gleichmässig derselbe ist, vielmehr je nach der Kategorie von Menschen, die man vor sich hat, und der Lage des Einzelfalls sich modifiziert, ist ein Begriff geschaffen, der Festigkeit und Schmiegsamkeit glücklich vereinigt. In der Regel soll es genügen, dass man diejenige Sorgfalt aufwendet, welche, so sich verschiedene Interessensphären berühren, gesunder- und normalerweise betätigt und gefordert wird. Wer diesen Ansprüchen nach Intelligenz oder Kenntnissen oder Willensbestimmtheit nicht gewachsen ist, lasse die Hand vom Spiele; vorübergehende oder habituelle Zerstreutheit, wo Willenskonzentration nötig war, Mangel an technischen Fertigkeiten und Wissen, wo es dieser bedurfte, und momentane oder dauernde geistige Inferiorität, wenn sie nur nicht unter die Limite der Zurechnungsfähigkeit fällt, entschuldigen nicht.‹ **Zitat Ende**

Von den Ärzten wird nicht weniger und nicht mehr erwartet, als was man von jedem, je nach seinem Beruf und seiner Tätigkeit, verlangt. Das hat das Bundesgericht selbst in vielen Urteilen geprägt. Hier noch einmal ein Zitat eines berühmten Juristen[1]:

Zitat ›Ferner muss der Mensch eine durchschnittliche Summe von moralischen, intellektuellen und physischen Eigenschaften, von körperlicher Geschicklichkeit und – sofern er sich mit einer entsprechenden Tätigkeit befasst – von beruflichen und technischen Fähigkeiten garantieren. Er hat, zusammengefasst, einen Standard zu gewährleisten.‹ **Zitat Ende**

Warum denn trotz dieser eindeutigen Definition des Verschuldensbegriffes durch Lehre und Rechtsprechung die Sonderregelung für Ärzte, dieses überfürsorgliche Verständnis?

Haben sich die Juristen von den Medizinern überreden lassen, wie schwierig ihr Beruf ist? Erfordert denn das Pillenverschreiben mehr Konzentration als das Lenken eines Lastwagens?

Ist der Pilot, der unter widrigen Witterungsverhältnissen seine Passagiere heil hinunterbringen will, weniger Stress ausgesetzt als der Chirurg, der einen Blinddarm operiert?

Trotzdem: Wie rücksichtsvoll das Bundesgericht mit den Ärzten umgeht, möge der Leser folgenden Ausführungen der zivilrechtlichen Abteilung dieses Gerichtes entnehmen:

Zitat ›Er (das ist der Arzt) hat somit grundsätzlich für jedes Verschulden einzustehen. Die Anwendung dieses Grundsatzes mit voller Strenge wäre jedoch mit einer normalen Ausübung des ärztlichen Berufes, zum Nachteil des Kranken wie auch des Arztes, unvereinbar. Die Rechtssprechung hat denn auch seine Strenge gemildert, um der Unvollkommenheit der Wissenschaft und der

---
1 Karl Oftinger.

menschlichen Fehlbarkeit Rechnung zu tragen. Der Arzt haftet nicht für einfache Fehlgriffe, die bis zu einem gewissen Grad in der Natur eines Berufes liegen, bei dem die Ansichten dermassen vielfältig und widersprüchlich sein können. Er haftet dagegen für einen offenkundigen Irrtum, für eine offensichtlich fehlerhafte Handlung, für einen klaren Kunstfehler oder die Unkenntnis von allgemein bekannten Grundlagen der ärztlichen

Zitat Ende Wissenschaft‹ (BGE 105 II 284 ff. = Pra. 1980 S. 363).

Eine kritische Lektüre dieses Urteils wirft viele Fragen auf:

– Warum soll denn der Arzt seinen Beruf nicht mehr ausüben können, wenn er für sein Verschulden einstehen muss? Wenn die Strafabteilung des Bundesgerichtes diesen Satz ausgesprochen hätte, könnte man ihn begreifen. Denn die Bestrafung eines Arztes könnte seine berufliche Tätigkeit tatsächlich einschränken oder ihn gar zwingen, den Beruf aufzugeben. Anders jedoch im Zivilrecht. Dort geht es um den *finanziellen* Ausgleich. Den *Schaden* des Patienten zahlt der Arzt nicht aus der eigenen Tasche. Dafür steht seine Haftpflichtversicherung ein.

– Warum sollten die Zahlungen der Haftpflichtversicherung des Arztes, der für jedes Verschulden – übrigens wie jeder andere Mensch auch – haften muss, dem *Patienten zum Nachteil* gereichen? Ist es blanker Zynismus oder Naivität? Beides möchte ich den Bundesrichtern nicht unterstellen.

– Wer hat denn gefordert, dass der Arzt für die Unvollkommenheit der Wissenschaft haften soll?

– Warum soll die menschliche Fehlbarkeit eines Arztes anders beurteilt werden, als die eines Piloten oder eines anderen Berufstätigen mit grosser Verantwortung?

– Seit wann rechtfertigen die wissenschaftlichen Meinungsdifferenzen Fehlgriffe? Wenn Ansichten vielfältig und widersprüchlich sind, so hat sich der Arzt nach gewissenhafter Prüfung für eine dieser Ansichten zu entscheiden. Das ist noch kein Fehlgriff. Begeht er innerhalb dieser von ihm selbst gewählten Methode einen Fehlgriff, warum soll jetzt die Vielfältigkeit und Widersprüchlichkeit der Ansichten diesen Fehlgriff entschuldigen?

Diese Rechtsprechung ist mitschuldig, dass die Ärzte den Begriff ›Kunstfehler‹ klarer umschreiben als die Richter. Für die Rechtsprechung liegt ein Kunstfehler nur dann vor, wenn der Arzt Fehler gröbster Natur begeht, Fehler, die man nicht einmal einem Medizinstudenten im letzten Semester nachsehen würde. So ist es denn nicht weiter erstaunlich, dass die Gutachter die Frage, ob ein Kunstfehler vorliege, in der Regel verneinen oder mit akrobatisch formulierten Sätzen relativieren. Damit wird der Versicherungsgesellschaft in vorprozessualen Verhandlungen das gewaltige Argument des Prozessrisikos in die Hand gegeben. Diese Situation zwingt den Patienten oder den ihn vertretenden Anwalt, entweder auf die Klage ganz zu verzichten oder erhebliche Konzessionen zu machen.

Abschliessend bleibt festzuhalten, dass es keinen besonderen Verschuldensbegriff für Ärzte gibt, den man mit ›Kunstfehler‹ titulieren kann. Der Verschuldensbegriff bietet genügend Raum, der Schwierigkeit des ärztlichen Berufes in echten *Notfällen* Rechnung zu tragen und den Arzt unter Umständen von der Haftung zu befreien. Diese Nachsicht ist aber nur dann walten zu lassen, wenn tatsächlich ein Notfall vorliegt; sei es, dass ihm ein Notfallpatient eingeliefert wird, sei es, dass er sich selbst in einer Notlage befindet. Die klassischen Kriterien der Verschuldensbeurteilung geben dem Richter ein vollkommenes Instrumentarium in die Hand, solche Notsituationen gebührend zu würdigen. Der Richter täte daher gut daran, vorgängig abzuklären, ob überhaupt ein Notfall vorgelegen hat. Erst dann kann er entscheiden, nach welchen Kriterien er den Verschuldensbegriff handhaben muss, damit er den Interessen des Patienten und des Arztes gerecht werden kann.

Vom Umgang
mit dem Gutachter

Die Juristen haben Angst vor medizinischen Fachausdrücken und bilden sich ein, einen medizinischen Sachverhalt ohnehin nicht beurteilen zu können. Beides ist falsch. Hat man als Jurist (Rechtsanwalt, Richter, Staatsanwalt, Versicherungsjurist usw.) einen Klienten oder Kläger vor sich, der behauptet, durch ein ärztliches Tun oder Unterlassen geschädigt worden zu sein, so muss man sich zunächst alle medizinischen Unterlagen besorgen. Es sind dies Eintritts-, Operations-, Austrittsberichte, Blätter über die Beobachtung des Patienten sowie Berichte über die diversen Untersuchungen, Fieberkurven usw. Der Arzt oder das Spital sind verpflichtet, diese Unterlagen in Abschrift oder in Kopie herauszugeben. Der Patient oder sein Vertreter sind berechtigt, die Originale einzusehen.

Danach liest man die ganzen Akten durch, auch wenn man vorerst davon nicht viel versteht. Ein gutes medizinisches Wörterbuch leistet dabei gute Dienste. Man hat nachher das Gefühl, weniger zu wissen als vorher. Damit ist der Zeitpunkt gekommen, mit einem Facharzt, in dessen Zuständigkeitsbereich das Problem liegt, über den ganzen Komplex zu sprechen. Das dauert in der Regel ein bis zwei Stunden.

Hat man nun den medizinischen Stoff durchgearbeitet, so ist man einigermassen in der Lage, dem Experten konkrete Fragen zu stellen. Man darf sich aber mit diesen dürftigen medizinischen Kenntnissen nicht aufspielen. Bescheidenheit ist Goldes wert. Es geht denn auch nicht darum, dem Experten zu zeigen, dass man von der Sache etwas versteht, sondern darum, ihm die Gewissheit zu vermitteln, dass man sein Gutachten peinlich genau studieren, analysieren, allenfalls mit einem Facharzt beraten wird. Das zwingt ihn zur Objektivität. Damit kann die Gefahr von ›Kollegialitätsgutachten‹ erheblich vermindert werden.

Welche konkreten Fragen dem Experten zu unterbreiten sind, lässt sich nicht verallgemeinern. Eine Frage darf man aber ihm nicht stellen: ›Liegt ein Kunstfehler vor?‹ Denn mit dieser Frage macht man ihn bereits zum Richter, gibt ihm die Kompetenz, den Begriff des Kunstfehlers selbst zu definieren. Wie bereits erwähnt, definieren aber die Ärzte diesen Begriff derart restriktiv, dass sie nur dann die Haftung des Arztes bejahen, wenn ein gravierendes Verschulden des Arztes vorliegt, das manchmal an Eventualvorsatz grenzt. Rechnet man dazu noch eine gehörige Portion kollegialer Rücksichtnahme, so darf man sich nicht wundern, wenn der Experte die Frage des Vorliegens eines Kunstfehlers verneint.

Vorsicht ist auch bei der Formulierung der Kausalitätsfrage geboten, d. h., man darf nicht einfach fragen, ob der vom Patienten behauptete Schaden durch das Tun oder Unterlassen des Arztes entstanden sei. Denn die Mediziner neigen dazu, die Kausalitätsfrage nach naturwissenschaftlichen Kriterien zu beurteilen. Das ist für sie selbstverständlich, weil sie der naturwissenschaftlichen Denkweise verpflichtet sind. Sie sind bemüht, für die Kausalität eine naturwissenschaftlich einwandfreie, exakte Ursache zu liefern.

Die Juristen beurteilen den Begriff des Kausalzusammenhangs anders. Wenn eine Wirkung verschiedene Ursachen hat, so genügt es dem Juristen, wenn das Verhalten des Arztes *eine* der Ursachen ist, ohne das der ›Erfolg‹, d. h. die Schädigung des Patienten, nicht eingetreten wäre. Dazu schreibt das Bundesgericht:

> ›Für den Begriff des natürlichen Kausalzusammenhanges **Zitat**
> genügt, dass das schädigende Ereignis zusammen mit anderen
> Bedingungen die körperliche oder geistige Integrität des Klägers beeinträchtigt hat, das schädigende Ereignis nicht weggedacht werden kann, ohne dass auch die eingetretenen gesundheitlichen Störungen entfielen‹ (Bundesgericht Entscheid 96 II
> 395/396). **Zitat Ende**

Auch die Frage der Adäquanz, also die *juristische* Kausalität muss den medizinischen Gutachter nicht interessieren. Ihre Feststellung bleibt ausschliesslich den Juristen vorbehalten. Denn die Aufgabe der medizinischen Experten ist es, sich zum natürlichen Kausalzusammenhang zu äussern; inwieweit dieser adäquat sei, entscheidet der Richter oder gegebenenfalls eine Verwaltungsbehörde (Oftinger I, Seite 75).

Nach diesen allgemeinen Ausführungen soll anhand eines frei erfundenen Falles versucht werden, einen konkreten Fragenkatalog zusammenzustellen.

Ein 60jähriger Patient wird wegen Arterienverkalkung an den Beinen operiert. Er stirbt auf dem Operationstisch: Mors in tabula. Theoretisch sind vier Ursachen denkbar:
– Die Frage der Operabilität wurde nicht oder unzureichend abgeklärt;
– ein Narkosezwischenfall;
– ein chirurgischer Fehlgriff;
– etwas tatsächlich nicht Voraussehbares ist dazwischengetreten, das nicht abgewendet werden konnte.

In einem solchen Fall sollte man folgende Fragen abklären:
– Wer war der Hausarzt und wer hat den Patienten zur Operation gemeldet?
– Welche Diagnose wurde gestellt?
– Warum hat man sich zur Operation entschlossen (Indikation)?
– Wer hat die Notwendigkeit dieser Operation festgestellt?
– Wie (lebens)notwendig war diese Operation?
– Wurden dem Patienten die Vorteile der Operation und die Nachteile bei ihrer Unterlassung erläutert und wurden von ihm –

bei Kenntnis der Sachlage – die Zustimmung zur Operation und zu der vorgesehenen Narkoseart eingeholt?
– Welche medizinischen Akten und Daten lagen dem Chirurgen und dem Narkosearzt vor?
– Wurden sie vom Hausarzt (der in der Regel über die vorgesehene Operation informiert sein sollte) über die Krankengeschichte und allfällige Allergien und andere Krankheiten orientiert?
– Hätten der Chirurg und der Anästhesist aufgrund der ihnen vorliegenden Vorakten und ihrer eigenen Untersuchungsergebnissen auf weitere Abklärungen der Operabilität verzichten dürfen?
– Was war die unmittelbare Todesursache?
– Wodurch wurde sie ausgelöst? (Was war die primäre, d.h. tatsächliche Todesursache?)

Erst wenn diese Fragen abgeklärt sind, lässt sich bestimmen, welche der ursprünglich erwähnten vier Ursachen für den Todesfall in Frage kommt. Steht beispielsweise fest, dass die Operabilität nicht abgeklärt wurde, so ist die Haftung des Chirurgen oder des Anästhesisten grundsätzlich zu bejahen. Jeder von ihnen kann sich von der Haftung befreien, wenn ihm der Nachweis gelingt, dass auch bei einer sorgfältigen Abklärung der Operabilität der Eingriff notwendig gewesen wäre, da das Unterbleiben der Operation für den Patienten ebenfalls den Tod bedeutet hätte.

War die Operabilität sorgfältig abgeklärt worden, ist aber der Patient trotzdem gestorben, so muss man zunächst den Operationsbericht studieren und der Frage eines allfälligen operationstechnischen Fehlers nachgehen.

Jeder Fachbereich der Chirurgie hat seine eigenen Regeln, und jeder Eingriff seine spezifischen Bedingungen.

Dennoch lassen sich folgende Fragen verallgemeinern:
– Nach welcher Methode wurde der Eingriff durchgeführt?
– War dies die einzige Methode?
– Gibt es andere Operationsmethoden?
– Wenn die letztere Frage bejaht wird: Aus welchem Grund wurde die angewandte Methode bevorzugt?

– Wurde die Operation nach den Regeln dieser Methode korrekt ausgeführt?

Liegt kein operationstechnischer Fehler des Chirurgen vor, so wird die Arbeitsweise des Narkosearztes überprüft. Die Fragen, die man Anästhesisten stellen muss, kann sich der interessierte Leser unter Zuhilfenahme der Ausführungen in diesem Buch (S. 138ff.) selbst zusammenstellen.

Ist ein Fehler des Narkosearztes als Todesursache ebenfalls auszuschliessen, so ist davon auszugehen, dass das Schicksal sein letztes Wort gesprochen hat.

Plädoyer für eine einheitliche Haftung des Arztes

Der Patient, der glaubt, durch ärztliches Tun oder Unterlassen geschädigt worden zu sein, muss seine Schadenersatzansprüche, wenn sie vom Arzt bzw. dessen Haftpflichtversicherung abgelehnt werden, gerichtlich einklagen. Der Richter ist meist nicht in der Lage, mit nötiger Sachkenntnis die medizinischen Zusammenhänge zu überblicken. Er ist daher gezwungen, einen Experten zu bestimmen, der ihm in einem Gutachten die rechtlich entscheidenden Fragen aus medizinischer Sicht beantwortet. Dabei ist zu beachten, dass die Experten mit ihrer Gewissenhaftigkeit des Wissenschaftlers die ihnen unterbreiteten Fragen oft nicht mit einem einfach Ja oder Nein beantworten können. Die Antworten sind daher in der Regel ausweichend, mit vielen ›Wenn und Aber‹ bestückt, also relativierend. Die Aufgabe des Richters ist es dann, sich aus dem Dickicht dieser interpretationsbedürftigen Antworten heraus ein klares Urteil zu bilden. Er muss schliesslich entscheiden, ob der Arzt die dem Patienten entstandenen körperlichen und finanziellen Nachteile zu verantworten hat. Er hat also über Schuld oder Unschuld des Arztes zu befinden.

Die Antwort auf die Frage, ob jemand an einem bestimmten Ereignis mit negativen Folgen ein Verschulden trifft oder nicht, ist nicht selten zufällig. Der Richter ist ein Mensch, der bei der Beurteilung eines Sachverhaltes nicht nur objektive Kriterien heranzieht, sondern auch seine Gefühle bewusst oder unbewusst in den Entscheidungsprozess miteinbezieht. Deshalb kann ein und derselbe Vorgang von verschiedenen Gerichten unterschiedlich beurteilt werden. Es kommt oft vor, dass z. B. die ersten zwei Instanzen die Haftung eines Arztes oder z. B. eines Automobilisten usw. verneinen, die dritte Instanz, also das Bundesgericht, dagegen die Klage gutheisst. War der Arzt z. B. für zwei Gerichte im Fall Meinrad und Domenika (Seite 31 ff.) unschuldig, so bestand für das Bundesgericht kein Zweifel darüber, dass er gravierende Fehler begangen hatte.

Kann man nun angesichts dieser grundsätzlich unsicheren Ausgangslage von einem geschädigten und meist auch psychisch aus dem Gleichgewicht gebrachten Patienten, der sein Vertrauen gegenüber den Ärzten verloren hat, erwarten, dass er den Gerichten und Juristen unbegrenztes Vertrauen entgegenbringt? Kann man von ihm erwarten, dass er trotz dieser Zufälligkeiten das enorme Risiko der Anwalts- und Gerichtskosten eingeht? Wer kann sich schon einen Schadenersatzanspruch gegen einen Arzt durch drei Instanzen hindurch leisten? Für den Arzt spielt das Prozessrisiko finanziell keine Rolle, weil seine Berufshaftpflichtversicherung für sämtliche Kosten des Prozesses aufkommt. Man muss sich aber diese höchst ungleichen Kräfteverhältnisse vorstellen, um die Ausgangsposition des Patienten zu begreifen: Auf der einen Seite der Arzt, der den Prozessstoff beherrscht und bei der Beurteilung der Haftungsfrage mit einem gewissen Wohlwollen seiner Kollegen rechnen darf und schliesslich keinen einzigen Franken für die Prozesskosten riskieren muss, auf der anderen Seite der Patient, der von medizinischen Fragen nichts versteht und Mühe hat, seine Klage überhaupt zu begründen. Obendrein muss er noch den ganzen Wall der Kollegialität und der Solidarität unter den Ärzten überwinden. Nicht zuletzt muss der klagende Patient die enormen Prozesskosten selbst riskieren. Der ungewisse Ausgang des Prozesses und die hohen Kosten halten die meisten Patienten davon ab, ihre Ansprüche überhaupt anzumelden. Wenn man sich überlegt, dass ein Prozess für beispielsweise Fr. 100000.– Schadenersatzforderung neben Zeit und Nervenanspannung in drei Instanzen etwa Fr. 40000.– bis Fr. 60000.– kostet, wird einem klar, warum die Patienten so selten gegen ihre Ärzte prozessieren.

Ein solcher Zustand ist aber rechtspolitisch unhaltbar! Wenn sich in einem Rechtsstaat eine kleine Gruppe der Überprüfung seines Verhaltens durch den Richter entziehen kann, so trifft dies den Lebensnerv der Rechtsordnung dieses Staates und schafft sichtbare Ungerechtigkeit.

An Vorschlägen und Ideen fehlt es nicht, wie man dieser ungerechten Situation durch Neuregelung der Haftung des Arztes begegnen könnte. Es würde allerdings den Rahmen dieses Buches sprengen, wollte man auf konkrete Lösungsvorschläge eingehen. Soviel sei allerdings trotzdem festgehalten:

Alle Vorschläge, wie etwa die Einführung der Kausalhaftung, eine Spezialversicherung für ärztliche Behandlung, die Selbstkontrolle der Ärzte durch Einrichtung von (gratis arbeitenden) Gutachterstellen für ›Kunstfehler‹ usw. stellen nur Versuche dar, sich in der Symptombekämpfung zu üben. Denn die Haftung des Arztes für sein Versagen ist nur ein Teilbereich des gesamten Haftpflichtrechts, welches mit dem sozialen und privaten Versicherungswesen in Einklang gebracht werden muss, löst doch jede Körperverletzung mit vorübergehendem oder dauerndem Verlust der Arbeitsfähigkeit Leistungen der Versicherungsträger aus. Stossend ist, dass die Höhe solcher Leistungen der Versicherungen von der Ursache abhängt, die für den Verlust der Arbeitsfähigkeit verantwortlich ist: je nachdem, ob es sich um einen Strassenverkehrsunfall, um Krankheit, ärztliches Versagen, einen vom Dach herunterfallenden Ziegelstein, einen Sportunfall usw. handelt (man kann diese Beispiele beliebig fortsetzen), kann der Geschädigte entweder seine finanzielle Existenz sicherstellen oder armengenössig werden.

Nach dem heutigen Haftpflichtrecht und Versicherungssystem ist aber derjenige besser gestellt, der für den Verlust seiner Arbeitsfähigkeit einen Verantwortlichen belangen kann. Daher versuchen diese nicht nur körperlich geschädigten, sondern auch finanziell an den Rand des Ruins getriebenen Menschen für ihr

Schicksal jemanden verantwortlich zu machen und beginnen oft einen verzweifelten, aber von Anfang an verlorenen Kampf gegen die mächtigen Versicherungsträger. Die Anklagen richten sich nicht nur gegen die Privatversicherungen, sondern auch gegen die sozialen Versicherungsträger.

Dabei wäre das Problem sehr einfach zu lösen: Man schafft eine einheitliche Sozialversicherung, die die Grundbedürfnisse wie Heilungskosten, Taggeld deckt und bei bleibender Erwerbsunfähigkeit eine Grundrente ausrichtet, unabhängig davon, durch welche Ursache (Unfall, Krankheit, ärztliches Versagen usw.) die Arbeitsfähigkeit beeinträchtigt wird. Für den über die Grundbedürfnisse hinausgehenden Teil der Ansprüche müssten die Privatversicherungen in Anspruch genommen werden. Eine solche Lösung würde weder den Tätigkeitsbereich der Sozialversicherungen erweitern noch die Existenzberechtigung der Privatversicherungen in Frage stellen.

Doch diese einfache Lösung scheint politisch unrealisierbar, ja utopisch zu sein. Eine durchdacht-koordinierte Versicherungs- und Haftpflichtrechtsordnung, die allen nützt und keinem schadet, wird merkwürdigerweise von allen Beteiligten bekämpft. Ein Phänomen unserer Zeit, welches man nicht nur in diesem Bereich der Gesellschaftsordnung antrifft.

Wörterverzeichnis der vorkommenden medizinischen Fachausdrücke

Abdomen:	Bauch; Unterleib
Abduktionsstellung:	Heranziehen des Oberschenkels nach der Mittellinie des Körpers
Adipös:	Übergewichtig
Analgetische Wirkung:	Schmerzlindernde/betäubende Wirkung
Anamnese:	Vorgeschichte einer Krankheit
Anästhesie:	Örtliche Betäubung/Lokalanästhesie
Anus:	After
Arthritis:	Gelenkentzündung
Asepsis:	Keimfreiheit
Axilläre Plexus-Anästhesie:	Lokalanästhesie an der Achsel durch Injektion ins periphere Nervengeflecht
Bakteriologie:	Lehre von den Bakterien
Basaliom:	Krebsart/Basalzellenkrebs, der Metastasen in Knochen, Lungen usw. bildet
Biopsie:	Punktion/Entnahme von Gewebe für mikrologische Untersuchung
Cauda-Lähmungs- und Reizsyndrom:	Hier: Lähmung der Mastdarmtätigkeit
Circumferenz:	Umgebung/Umkreis
Computertomographie:	Schichtweise Darstellung eines Organs (Gehirn) durch Röntgenapparat, der mit Computer gesteuert wird
Defäkation:	Stuhlentleerung

Dehydrierter Zustand:	Entwässerung des Körpers/ungenügende Wassermenge im Körper z. B. Brechdurchfall bei Kindern
Diagnose:	Krankheitserkennung
Dialysemittel:	Das zur Reinigung des Blutes verwendete Mittel bei Nierenkranken
Digital:	Hier: Darmuntersuchung mit dem Finger
Drainage (-Bronchus):	Ableitung von Wundflüssikeit Hier: aus der Luftröhre
EEG:	Elektroenzephalographie; Aufzeichnung von Hirnströmen
EKG:	Elektrokardiogramm; Aufzeichnung der Herztätigkeit
Ektropium:	Ausstülpung
Elektrolyse:	Trennung gelöster dissoziierter Substanzen durch Stromeinwirkung
Emenentia (intercondylica):	Erhöhung/Vorsprung z. B. bei Knochen Hier: Gelenkfläche des Schienbeins
Epiduralblutung:	Blutung im Epiduralraum/Bluterguss zwischen Hirnhaut und Schädelknochen
Epiduralraum:	Raum zwischen harter Hirn- und der Rückenmarkshaut
Erythem:	Hautrötung
Excisat:	Herausgeschnittenes Gewebestück
Excision:	Ausschneidung eines Gewebestücks
Exstirpation:	Operative Entfernung eines erkrankten Organs oder Tumor
Exulceriertes Karzinom:	Zerfall einer bösartigen Geschwulst
Femur:	Oberschenkel
Fraktur:	Knochenbruch
Gynäkologe:	Frauenarzt
Hämatom:	Bluterguss ins Gewebe

Hämilaminektomie:	Operative Öffnung des Wirbelkanals durch Teilentfernung eines Wirbelbogens
Hämodynamischer Zustand:	Kreislauf/Blutversorgung aus eigener Kraft im gesamten Körper
Histologische Untersuchung:	Untersuchung des Gewebes nach krankhafter Veränderung, z. B. Krebsgeschwulst
Histo-Pathologe:	Facharzt für Gewebe-Untersuchungen
Iatrogen:	Durch ärztliche Behandlung entstandene Krankheit
Indikation:	Heilanzeige; zwingender Grund, ein bestimmtes Heilverfahren anzuwenden
Inkontinenz:	Unvermögen, willkürlich Harn oder Stuhl zurückzuhalten
Intraneurale Injektion:	Spritze innerhalb des Nervengeflechts
Intravenöse Infusion:	Eingabe von Flüssigkeit via Venen in die Blutbahn
Intubations-Narkose:	Betäubung des Patienten durch Einführung eines Rohres durch den Mund und Kehlkopf in die Luftröhre
Irreversibilität:	Nicht umkehrbar
Irreparabel:	Nicht wiederherstellbar
Kausalität:	Verbindung zwischen Ursache und Wirkung
Kontamination:	Verschmelzung/Vermischung
Läsion:	Verletzung, Zerstörung des Gewebes mit entsprechendem Funktionsausfall
Ligamentum flavum:	Elastisches Band zwischen den Wirbelbögen
Liquor:	Flüssigkeit
Lumbal-Anästhesie:	Betäubung durch Injektion in der Gegend der Lendenwirbelsäule

Lumbale Bandscheibe:	Lendenbandscheibe
Mammakrebs:	Brustkrebs
Mammographie:	Röntgenaufnahme der Brüste (Mammae) mit weichen Strahlen
Melanom:	Bösartige Geschwulst
Meningitis:	Hirnhautentzündung
Metastasierung:	Bildung von Geschwulstzellverbänden in verschiedenen Organen (Metastasen)
Mikrochirurg:	Hier: Ein Chirurg, der Nerven zusammennäht unter Verwendung eines Mikroskops
Narkose:	Betäubung/Erlöschtes Bewusstsein ohne Schmerzempfindung und Abwehrreaktionen
Nasen-Septumplastik:	Künstliche Ersetzung der Nasenscheidewand
Nekrose:	Abgestorbenes Gewebe
Nervus accessorius:	Ein Hirnnerv, der über die Schulter zieht und den Arm versorgt
Nervus medianus:	Mittelhandnerv
Neurologe:	Facharzt für Nervenkrankheiten
Neurotoxische Substanz:	Nervenvergiftendes/lähmendes Mittel
No-touch-Isolationstechnik:	Operationstechnik bei der die Wunde nicht berührt werden darf
Ototoxische Ertaubung:	Nicht heilbarer Hörverlust durch Gifteinwirkung
Pädiatrie:	Kinderheilkunde
Palpieren:	Abtasten
Parese:	Lähmung
Per os:	Durch den Mund
Pflasterzell-Carzinom:	Krebsart

Pharingitis:	Rachenentzündung
Plattenzell-Carzinom:	Krebsart
Postoperativ:	Nach der Operation
Prophylaktisch:	Vorbeugend
Prostata	Vorsteherdrüse/walnusses Organ; umgibt den Anfang der männlichen Harnröhre
Pyramidenzeichen:	Ein Ausdruck der Neurologie. Aufgrund der Untersuchung zahlreicher Reflexe wird auf die Verletzung von gewissen Teilen des Gehirns geschlossen
Radiologie:	Facharzt für Röntgenologie und Strahlenheilkunde
Radiotherapie:	Behandlung mit (Röntgen-)Strahlen
Rebound-Effekt:	Bewegung eines Objektes in der einer Einwirkung entgegengesetzten Richtung. Hier vor allem funktionell zu verstehen: Bei plötzlichem Absetzen eines Medikamentes Produktion der Wirksubstanz dieses Medikamentes durch den Körper des Patienten selbst
Rectoskopie:	Spiegelung des Mastdarms mit einem Rohr, das mit einer Optik versehen ist
Rectumschleimhaut:	Schleimhaut des Mastdarms, bzw. des letzten Darmtrakt-Abschnittes
Resektion:	Ausschneiden eines Organs/teilweise Entfernung kranker Organe
Resorption:	Aufnahme/Aufsaugen von Stoffen in Blut- und Lymphbahn
Retinopathie:	Nicht entzündliche Netzhauterkrankung (Auge)
Proctoskopie:	S. Rectoskopie
Seröse Sekretion:	Mit Serum vermischte flüssige Absonderung
Spinaliom:	Stechelzellengewebe; eine Krebsart
Sphinctertonus:	Schliessmuskelspannung/ Schliessmuskelwiderstand

Stenose:	Verengung. Hier: des Darms
Therapie:	Behandlungen der Krankheiten/Heilung
Thorakotomie:	Eröffnung des Brustkorbes
Tibiaplateau:	Teil des Schienbeins
Tonsillitis:	Mandelentzündung
Trapeziuslähmung:	Lähmung des trapezförmigen Rücken-Schultermuskels
Traumatisierung:	Hier: Wiederaktivierung durch Einwirkung von aussen, bzw. durch ärztlichen Eingriff
Totalprothesen-Arthroplastik:	Operativer Einsatz eines künstlichen Gelenkes
Totalprothesen-Implantation:	Einsatz von künstlichen Gelenken
Trochanterabriss:	Abriss des Knochenfortsatzes unterhalb des Gelenkkopfes am Oberschenkelknochen
Tumor:	Geschwulst
Ulcus:	Geschwür
ORL-Klinik:	Klinik für Hals-, Nasen- und Ohrenkrankheiten
Paravertebralmuskulatur:	Neben dem Wirbel liegende Muskulatur
Plexus-Anästhesie:	Leitungsanästhesie im Bereich von Nervengeflechten
Plexus brachialis:	Nervengeflecht des Armes
Reversibilität:	Wiederherstellbarkeit. Hier: Wiederherstellung des früheren Zustandes
Sepsis:	Blutvergiftung; bakterielle Allgemeininfektion
Zyanotische Farbe-Zyanose:	Blauverfärbung, vor allem der Lippen und Fingernägel infolge von Sauerstoffmangel/Durchblutungsstörung